LOGRANDO
LA ALINEACIÓN TOTAL

Diseño de tapa:
LUCAS FRONTERA SCHÄLLIBAUM

RIAZ KHADEM
LINDA KHADEM

LOGRANDO
LA ALINEACIÓN TOTAL

Cómo convertir la visión
de la empresa en realidad

GRANICA

ARGENTINA - ESPAÑA - MÉXICO - CHILE - URUGUAY

© 2018 *by* Riaz and Linda Khadem
© 2019 *by* Ediciones Granica S.A.

ARGENTINA
Ediciones Granica S.A.
Lavalle 1634 3° G / C1048AAN Buenos Aires, Argentina
granica.ar@granicaeditor.com
atencionaempresas@granicaeasdasdditor.com
Tel.: +54 (11) 4374-1456 - Fax: +54 (11) 4373-0669

MÉXICO
Ediciones Granica México S.A. de C.V.
Calle Industria N° 82 - Colonia Nextengo - Delegación Azcapotzalco
Ciudad de México - C.P. 02070 México
granica.mx@granicaeditor.com
Tel.: +52 (55) 5360-1010 - Fax: +52 (55) 5360-1100

URUGUAY
granica.uy@granicaeditor.com
Tel: +59 (82) 413-6195 - Fax: +59 (82) 413-3042

CHILE
granica.cl@granicaeditor.com
Tel.: +56 2 8107455

ESPAÑA
granica.es@granicaeditor.com
Tel.: +34 (93) 635 4120

www.granicaeditor.com

ISBN 978-950-641-982-0

Hecho el depósito que marca la ley 11.723

Impreso en Argentina. *Printed in Argentina*

Khadem, Riaz
    Logrando la alineación total / Riaz Khadem ; Linda
Khadem. - 1a ed. - Ciudad Autónoma de Buenos Aires :
Granica, 2019.
   206 p. ; 22 x 15 cm.

   ISBN 978-950-641-982-0

   1. Administración de Empresas. I. Khadem, Linda.
II. Título.
   CDD 658

En verdad, en opinión de los sabios, la sutileza del entendimiento se debe a la agudeza de la visión.

Bahá'u'lláh

Índice

Agradecimientos

Los conceptos y metodologías de Alineación Total han evolucionado en los últimos quince años, a medida que se han hecho implementaciones en este campo. Hemos tenido el privilegio de trabajar con destacadas personalidades y con grandes líderes. Aunque cada organización tiene sus necesidades especiales, la necesidad de alineación es común a todas. Nuestro sistema ha sido ampliamente mejorado gracias a los aportes que recibimos de nuestros clientes.

Deseamos agradecer especialmente el excelente trabajo de nuestro hijo, Nasr Khadem, que dirige las implementaciones de alineación total en todo el mundo. Su excelencia, su dedicación y la atención cuidadosa a las necesidades de nuestros clientes son responsables en gran medida de la extraordinaria calidad de las implementaciones del sistema de alineación total.

Estamos muy agradecidos por el trabajo dedicado y de alta calidad de nuestro colega, Ingmar Groppe. Gracias a su mente aguda y analítica y a su atención al detalle, ha contribuido en gran medida a la calidad de nuestro trabajo y de nuestro software.

Agradecemos también a nuestro querido amigo Sergio Lujambio, cuya increíble comprensión de los conceptos y el compromiso incansable que ha tenido con alineación total ha sido una gran fuente de aliento e inspiración para nuestro equipo.

Queremos reconocer a nuestros colaboradores en España, y muy especialmente a Sergio Ona, quien sigue siendo un miembro muy importante del equipo de Infotrac. A Vicki y a Susana por todos los maravillosos momentos que compartimos trabajando en su hermoso país. Recordamos con gran cariño y respeto a nuestro querido amigo Ramón.

Hay dos compañeros ya fallecidos a quienes queremos hacerles un reconocimiento especial por sus contribuciones individuales, así como por su confianza en nuestros procesos: Ismael Cordero, quien fue un compañero y consultor excepcional, y Miguel Pinto, quien se desempeñó como gerente de proyectos internos en la implementación de nuestro sistema en el Grupo Bimbo.

Prólogo

Gracias a la dedicación y la integración de un gran grupo de personas, la lealtad de nuestros clientes y mucho trabajo, FEMSA[1] ha crecido a USD 19,4 mil millones en ingresos con más de 265.000 colaboradores. Es la compañía latinoamericana más grande de bebidas, la minorista de más rápido crecimiento y más rentable de América Latina y el mayor embotellador de Coca-Cola en todo el mundo. Tuve la suerte de dirigir esta empresa como CEO desde 1995 hasta 2014 y actualmente me desempeño como Presidente Ejecutivo de la Junta Directiva. Cuando hace unos años me invitaron a hablar sobre liderazgo en la Stanford Graduate School of Business, me preguntaron cuál era mi enfoque sobre el liderazgo. Dos cosas me han ayudado mucho. Primero, una lección que aprendí de mi suegro al principio de mi carrera. Él insistió en que la clave del éxito en nuestro negocio es controlar nuestra agenda comercial con respecto a los productos que vendíamos en México. Me ayudó a entender que los líderes deben

---

1 Siglas de Fomento Económico Mexicano, conocida comúnmente como FEMSA. Es una empresa multinacional mexicana que participa en la industria de las bebidas, y en el sector comercial y de restaurantes.

comprender y controlar constantemente los factores operativos de cualquier proyecto o empresa.

El segundo está relacionado con los conceptos presentes en este libro. Cuando me convertí en CEO de FEMSA, un logro muy importante fue aprender a respetar las decisiones de mi equipo. Tuve que controlarme para no imponer mis propias decisiones. Si deseas que alguien sea responsable de lo que hace, puedes aconsejarle, preguntarle, sugerirle, insinuarle, pero al final déjalo que decida. Obviamente, él sabrá que si falla será el responsable. Pero si le impones una decisión, en primer lugar lo estás protegiendo y, en segundo, terminas siendo responsable de lo que sucederá.

Muy relacionados con este aspecto del liderazgo, he aquí algunos conceptos que me han ayudado como CEO de FEMSA en diferentes etapas:

- Fomentar el trabajo en equipo.
- Enfocarse en orientarse hacia las personas.
- Análisis estratégico y profundo de situaciones y contextos.
- Centrarse en el crecimiento a largo plazo.
- Precaución financiera.

Estas y muchas otras ideas se desarrollan en *Logrando la alineación total*. Tuve la suerte de leer el primer libro de Riaz Khadem, *One Page Management,* cuando acababa de ser nombrado CEO de FEMSA. La compañía de Riaz había estado implementando los conceptos de este primer libro en Bancomer, el segundo banco más grande de México. Después de leer el libro, estaba ansioso por tener contacto con Riaz. Nos conocimos en mi oficina.

El proceso de alineación y transformación dentro de FEMSA comenzó con una sesión externa de mi equipo ejecutivo. Todos volamos a Houston, Texas. Con la ayuda de Riaz revisamos nuestra misión, visión y valores. Quedamos cautivados al ver lo que FEMSA podría generar en el futuro inmediato, y fuimos impulsados a analizar cómo alcanzar esa visión agregando más valor a la organización.

Ahora hemos superado con creces la perspectiva que habíamos creado con él: el empleo ha aumentado 7 veces; los ingresos han aumentado 21 veces; el EBITDA ha aumentado 16 veces y el valor de mercado en dólares ha aumentado 14 veces, al comparar números de 1996 a 2016.

Contactarnos con Riaz para que nos ayude a implementar los conceptos de este libro en FEMSA fue fundamental para nuestro crecimiento. Necesitábamos un lenguaje común para poder entender y medir nuestro progreso, así como era necesario un consenso total sobre cuáles eran nuestros factores críticos de éxito para todos y cada uno de los miembros del equipo. Riaz ayudó enormemente en este aspecto. Introdujo el uso de sus metodologías y soluciones para transformar la forma en que operamos, al obligarnos a trabajar en equipo.

Nuestra implementación de la *alineación total* (conocida como TOPS en ese momento) tomó algún tiempo para ser puesta a punto, especialmente porque al principio tuvimos que convencer al equipo; pero ahora todos estamos de acuerdo en que funcionó y que nos ayudó a unificar y a alinear los objetivos finales de la empresa, con un impacto positivo en la productividad, el trabajo en equipo, la flexibilidad y la comunicación. Muchos de los conceptos de este libro, incluidos la revisión vertical y los factores críticos de éxito, ahora forman parte de nuestra cultura.

Hay aquí un par de ideas para emprendedores que sueñan con convertir sus proyectos en una gran empresa. Lo primero que deben saber es que una pequeña empresa puede volverse grande. Las grandes empresas suelen ignorar a las pequeñas. Yo digo que una pequeña empresa puede convertirse en una gran empresa si se pone pasión y al organizarse como un gran equipo. Lo hicimos con OXXO y crecimos de 350 tiendas a más de 15.000.

El desafío de hacer que una pequeña empresa sea grande y cree valor es sin dudas fascinante. Segundo, y sabrán perdonar mi insistencia, debes formar un gran equipo. Y para mantener y desarrollar un gran equipo es neceario disciplina, transparencia y buena comunicación. Todo esto se puede lograr a través de la lectura de *Logrando la alineación total*.

Lea este libro de principio a fin. Cambiará positivamente su forma de pensar la gestión de cualquier tipo de empresa, proyecto u organización. La riqueza de conocimiento y la experiencia acumulada refuerza mi confianza en que las compañías con grandes equipos completamente alineados pueden contribuir al bienestar de la comunidad mundial, pueden generar mucho valor y llegar a ser verdaderamente formidables.

José Antonio Fernández Carabajal
Presidente Ejecutivo del Consejo
de Administración de FEMSA

Prefacio

Logrando la alineación total fue publicado en Colombia en el año 2002, bajo el título *Alineación total: cómo convertir la visión de la empresa en realidad.* Es una "novela de negocios" que lleva al lector a un paseo hacia la alineación de la organización. Obtuvo un alto reconocimiento en forma de ventas en Colombia, México y España, así como en otros países hispano-parlantes. En 2017 los conceptos de este libro se presentan con un estilo diferente basado en herramientas prácticas y de uso cotidiano, que ha sido publicado en Estados Unidos, bajo el título *Total Alignment: Tools and Tactics for Streamlining your Organization.* La excelente respuesta que recibimos de los lectores del libro original nos ha animado a hacer el nuevo con el formato de historia de negocios, y hemos cambiado el título para evitar confusión.

Este libro puede acompañarse de nuestros otros dos libros: *One Page Management* y *Total Alignment: Tools and Tactics for Streamlining Your Organization.* Los tres libros están diseñados para incrementar los resultados de corto y largo plazo de las organizaciones, mediante mejoras sustanciales de la productividad.

Producir más bienes y servicios con menos horas de trabajo requiere inversiones en innovación tecnológica, métodos de producción, fortalecimiento de las capacidades de los trabajadores y muchas otras iniciativas. Habida cuenta de que más del cincuenta por ciento de los trabajadores de las principales economías de la región se encuentran en el sector de servicios y con altas cifras de trabajadores de cuello blanco y trabajadores del conocimiento, este sector merece una atención particular. Un área crítica en que se necesita con urgencia una mejora en la productividad, y que sin embargo es ignorada con frecuencia, es la productividad en la gestión.

Es aquí donde *Logrando la alineación total* se hace especialmente relevante. Ofrece la pericia para aumentar considerablemente la productividad en la gestión al instar a los gerentes a enfocarse en su propio y singular valor y a alinearse con las intenciones estratégicas de la organización. Les concede herramientas para empoderar a sus colaboradores directos, utilizar el potencial de los equipos y para alinear los esfuerzos de diversos elementos de la organización y llegar a una visión conjunta del éxito. Simultáneamente, otorga confianza a los colaboradores ya que son respetados y empoderados para adueñarse de su propio desarrollo.

Para realzar la experiencia de trabajo de los gerentes cambiamos la manera en que operan proponiéndoles un nuevo modelo de gestión que guíe las actividades e interacciones día a día. Este nuevo modelo reemplaza prácticas antiguas que a menudo infunden temor y ansiedad dentro de la organización, colocan las ganancias por encima de las personas y los dividendos de los accionistas antes que la prosperidad social. El nuevo modelo promueve acción y reflexión a todos los niveles, abre canales de creatividad e innovación, permite a los gerentes participar en el proceso de aprendizaje, y recompensa el rendimiento.

Lo que podría parecer sorprendente para el lector familiarizado con las prácticas de gestión existentes es que el nuevo modelo de gestión que estamos presentando en este libro tiene el potencial de poder obtener mejores resultados. Esto se debe a que permite a la organización incrementar de manera drástica la productividad de la gestión, reducir el uso ineficiente de los recursos que causa la desalineación, convocar la participación creativa de todos los gerentes y colaboradores de primera línea y motivarlos a transformar en realidad una visión compartida.

Esta se hace aún más necesaria cuando los grupos de personas trabajan en conjunto. La alineación de trabajadores de cuello blanco y trabajadores del conocimiento en el sector de servicios es particularmente gratificante. Muchas organizaciones, incluso cuando son exitosas, carecen de un grado óptimo de alineación. Gran número de ellas sufren extremos de desalineación cuando personas inteligentes y bien intencionadas están haciendo lo que desean con el propósito de cumplir con sus respectivas agendas o no están haciendo lo necesario para implementar la estrategia de la empresa. Inclusive podrían estar anulando los esfuerzos de otros. La desalineación resultante tiene un costo alto. Hasta una desalineación de un diez por ciento puede eliminar una parte significativa de las ganancias de una organización.

La alineación requiere liderazgo por parte de aquellos que están determinados a llevar la organización hacia niveles superiores de logro. No obstante, la determinación por sí sola no es suficiente. Lo que precisan los líderes es una herramienta efectiva, una herramienta de liderazgo, para unificar al personal de la organización en procura de una visión y una estrategia comunes. La alineación total es esa herramienta.

Introducción

Las empresas exitosas vigilan sus números. Miden su desempeño por medio de cientos de indicadores de rendimiento claves. Trazan su futuro con estrategias creativas y efectivas. Prestan atención a las innovaciones y la tecnología. Sin embargo un área que muchas empresas dejan de lado es la alineación. No se trata de que no hayan escuchado hablar del concepto, sino más bien de que la alineación es algo que todavía no está en sus radares. No son aún conscientes del poderío inherente a la alineación. No se han dado cuenta de que la alineación posee la clave para acelerar el progreso hacia una visión de negocios e impulsar la productividad.

Administrar una empresa que no está alineada se puede comparar a conducir un automóvil que no tiene alineación en el motor o en las ruedas. Sí, se avanza, pero de manera ineficiente para el vehículo o la organización. El progreso será más lento y el recorrido más incierto.

¿Qué es exactamente la alineación? ¿Y cómo saber si su empresa está o no alineada? La alineación existe cuando las acciones de cada una de las personas en la organización apoyan de manera directa la visión y la estrategia. ¿Cómo determinar si se cuenta con ella o no? Ensaye este sencillo ejercicio.

Pregúnteles a un gerente y a uno de sus subordinados directos que identifiquen independientemente cuál debería ser el objetivo prioritario del subordinado. Para ello solicite a ambos que distribuyan la suma de 100 puntos entre las cinco principales responsabilidades del subordinado indicando de ese modo cuál es su importancia relativa. Se quedará asombrado de la falta de congruencia de las respuestas.

¿Debería preocuparle esto? Definitivamente sí. El éxito de una organización depende de lo que hacen las personas. Las cinco áreas clave de responsabilidad y su importancia relativa determinan las prioridades de esa persona y dan forma a sus actividades. La diferencia en las respuestas indica una desalineación entre un nivel de la organización y el siguiente. Cuando se considera que existen miles de gerentes y docenas de niveles en algunas organizaciones, este efecto de desalineación se agrava y resulta en un enorme desperdicio de recursos. El alcance de la desalineación puede llegar hasta un 50% incluso en organizaciones exitosas que han invertido millones de dólares en el desarrollo de recursos humanos o en cuadros de desempeño. La razón por la cual se descuida con frecuencia la desalineación es que resulta imperceptible. No aparece como un rubro en la cuenta de ganancias y pérdidas y sin embargo representa una enorme disminución de las ganancias.

Logrando la alineación total aborda este asunto crucial y presenta un proceso innovador para la alineación de una organización. En este libro introducimos un sistema de conceptos y metodologías con el apoyo de un software que integra de manera sencilla y eficiente las funciones estratégicas, operacionales, financieras y de recursos humanos de cualquier organización. Este enfoque singular concede una atención vital a los protagonistas esenciales del desempeño de una empresa: las personas.

El precedente de *Logrando la alineación total* es el libro *Administración en una página,* en el cual presentamos un sistema para organizar información en tres reportes de una sola página personalizados para cada gerente. Debido a la asombrosa cantidad de retroalimentación positiva de lectores en todo el mundo, decidimos mantener el estilo y la simplicidad del libro original en *Logrando la alineación total.*

Hemos escrito este libro como una novela de negocios, para hacerlo más amigable al lector mientras aprende conceptos muy importantes. Hemos creado personajes y comportamientos similares a los que hemos encontrado en nuestra práctica de consultoría a lo largo de muchos años en una amplia variedad de industrias y en diferentes países. La compañía, XCorp, es una ficción pero sus problemas son reales y ejemplos de los que hemos encontrado en nuestros proyectos.

Nuestro planteamiento es significativamente distinto del de otros autores y su fortaleza deriva de nuestro éxito en este campo. El lenguaje que utilizamos en ciertos casos también es diferente del que usan otros autores. En el tema de la estrategia por ejemplo usamos el término "Factores Críticos de Éxito" para referirnos a indicadores de desempeño individual. Esta terminología se utilizó inicialmente en *Administración en una página* y se mantiene en el presente libro. En el tema de indicadores de desempeño, otros autores han estimado necesario asignar etiquetas a diferentes tipos de indicadores para asegurar que se presenten los comportamientos adecuados dentro de la organización. Nosotros hemos abordado esta cuestión de un modo diferente.

Nuestro objetivo global es incrementar y simplificar las metodologías de estrategia y responsabilidad que se describen en los libros de administración, asegurar una ejecución excelente a través de un nuevo modelo de gestión y facilitar la transformación de la cultura empresarial en las organizaciones. La nuestra es una alternativa a los enfoques complicados y engorrosos que hemos encontrado en la bibliografía de este campo.

Esperamos que disfruten de la lectura de *Logrando la alineación total* y descubran el potencial de este sistema para conducir a su organización a un nivel completamente nuevo de eficiencia.

Riaz y Linda Khadem

Parte I
ALINEANDO LA ORGANIZACIÓN

CAPÍTULO 1

La necesidad de alineación

Brian Scott, el director general del Grupo XCorp, hizo su ingreso a una atestada sala de conferencias en Chicago y tomó asiento en la primera fila. Era el encargado de pronunciar el discurso central del evento. Brian había recibido la invitación a raíz de su éxito el año anterior en la notable recuperación de una empresa en crisis y de su reciente adquisición de una firma de alta tecnología como adición al grupo de empresas XCorp.

Cuando su nombre fue anunciado se dirigió al podio mientras examinaba la nutrida concurrencia. Les echó un vistazo a las notas, se pasó los dedos por su espeso cabello castaño y pleno de confianza inició su discurso. Brian habló del tipo de liderazgo que había ejercido como director general del Grupo XCorp. Comunicó su visión para una organización en crecimiento y sus proyecciones respecto de las tendencias de la industria. Explicó por qué TechCorp, la empresa que había adquirido recientemente, resultaba idónea para sumarse al Grupo XCorp. El objetivo de su ponencia era contagiar a los accionistas y a todos los asistentes con el entusiasmo que él mismo sentía acerca de aquella fusión.

Una vez terminado su discurso, Brian abrió la ronda de preguntas. Una joven que estaba sentada en la décima fila

27

levantó la mano y le preguntó cómo planeaba conducir su organización recién ampliada durante la actual crisis que tan profundamente había afectado al sector empresarial en el mundo entero.

—Muy buena pregunta —replicó Brian.

Era una buena pregunta, pero Brian hubiera preferido no tener que responderla. La verdad era que todavía no tenía claro cómo iba a confrontar las nuevas realidades económicas a las cuales se refería la joven. Ni siquiera estaba seguro acerca de cómo unificaría los puestos claves en el nuevo equipo o qué haría para manejar las muy diferentes culturas corporativas hasta conseguir que se integraran. Además, con los despidos que seguramente ocurrirían, estaba consciente de que sería un reto establecer y mantener una moral positiva.

Mientras elegía cuidadosamente las palabras e intentaba proyectar optimismo, Brian identificó un rostro familiar algunas filas detrás de la mujer que había hecho la pregunta. Le sorprendió reconocer al Infoman, el misterioso personaje que varios años atrás lo había familiarizado con conceptos que fueron claves para el repunte de XCorp. Haciendo una pausa, trató de establecer contacto visual con el Infoman, pero la distancia que los separaba y el resplandor de las luces lo impidieron.

Tras responder la pregunta de la joven, contestó otras preguntas hasta que finalmente se acabó el tiempo asignado, dio fin a su intervención y descendió del estrado. Brian apresuró el paso entre el público con la esperanza de poder saludar al Infoman, pero este se había marchado. Estrechó las manos de algunos amigos y colegas y luego emprendió el camino hacia la suite que ocupaba en el piso ejecutivo.

Al entrar en la habitación advirtió un sobre encima del escritorio. Dentro del sobre había una nota que decía: "Recibe mis felicitaciones y mis mejores deseos de éxito por el enorme reto que has asumido durante estos tiempos difíciles". La firma decía simplemente: "Infoman".

Brian esbozó una sonrisa al leer aquel mensaje.

—¡Un enorme reto, sin duda alguna! —se dijo a sí mismo.

No se molestó en buscar una dirección o un número telefónico para ponerse en contacto con el autor de la nota. Sabía que no habría tal cosa. Aquel misterioso personaje solía aparecer y desaparecer tal como el viento, aunque de alguna manera siempre se hacía presente en el momento oportuno.

—Ojalá me llame esta noche —pensó Brian.

Pero la velada transcurrió sin que hubiera señales del Infoman.

❖ ❖ ❖

Durante los tres meses siguientes, los retos que Brian había asumido se hicieron evidentes. Aun cuando él y el consejo de administración de la empresa habían decidido conservar el nombre comercial de TechCorp y mantener en sus puestos a muchos de los ejecutivos claves de la empresa, la adquisición había sembrado inseguridad entre los gerentes. Con la pérdida de ingresos que estaba afectando a toda la industria, los empleados sabían que se presentaría un número significativo de despidos y que sus puestos estaban en peligro. Se sentían confusos con respecto hacia dónde deberían enfocar sus energías.

Distraídos por los sentimientos negativos y la falta de enfoque, nadie se percató de cuán severamente había bajado la calidad en el servicio. Los clientes comenzaron a quejarse. No pasó mucho tiempo antes de que los competidores olfatearan la oportunidad y se dispusieran al ataque. Redujeron significativamente sus precios y arrebataron a TechCorp las dos cuentas más importantes.

❖ ❖ ❖

Peter Bergman, director general de TechCorp, estaba muy descontento con la adquisición. Peter y Brian se conocían desde largo tiempo atrás, de hecho desde el bachillerato. Siempre habían estado en competencia tanto en el plano social como en el académico, y Peter casi siempre ocupaba el segundo lugar entre los dos. Este hecho había plantado las semillas del resentimiento.

Durante las negociaciones previas a la adquisición, Peter había puesto todo su empeño en frustrar la operación. Cuando se dio cuenta de que era incapaz de detenerla, se convenció de que podía olvidar el pasado y ver aquella situación como una oportunidad de trabajar con un antiguo compañero de estudios. No obstante, una vez que TechCorp fue adquirida, la naturaleza competitiva de Peter y su inseguridad dificultaban que rindiera cuentas a otra persona, y mucho menos a alguien con quien en el fondo tenía un resentimiento. Aquel resentimiento continuó creciendo hasta volverse insoportable, lo cual ocasionó la renuncia de Peter. Al abandonar la empresa prometió vengarse de Brian y recuperar el control que a su juicio le había sido arrebatado.

Por su parte, Brian había confiado en que las cosas funcionarían bien entre él y Peter, por lo que la renuncia lo tomó por sorpresa. Infortunadamente coincidió con la aparición de informes que indicaban una seria caída en las ventas de TechCorp.

Brian se percató de que hacía falta encarar el problema y descubrir qué había ocasionado la pérdida de las dos cuentas claves de la empresa. Decidió volar a la Costa Oeste, donde se encontraba la sede de TechCorp. A lo largo de dos días sostuvo entrevistas con el personal de ventas, servicio al cliente, mercadeo, manufactura y sistemas de información. Poco a poco fue emergiendo un patrón.

A pesar de la clara estrategia que se había planteado en la reunión de planificación de TechCorp seis meses atrás, cada uno de sus departamentos continuaba empeñado en sus propias prioridades. La estrategia de TechCorp consistía en hacer crecer el negocio principal, eliminando productos no primordiales y apalancando la tecnología como su ventaja competitiva. Con el propósito de hacer crecer agresivamente su principal línea de negocio, la estrategia incluía la implementación de un sofisticado sistema de software integrado.

El vicepresidente de ventas no estaba de acuerdo con la estrategia de eliminar los productos no primordiales, pues sentía que aún eran viables y redituables. A fin de probar que tenía razón, había dado instrucciones al equipo de ventas para que continuara impulsando aquellos productos entre sus clientes existentes y que buscara nuevos clientes potenciales.

Por su parte, el vicepresidente de operaciones se esforzó por conservar el sistema de software que ya tenían y que él había traído a la empresa hacía un par de años. En consecuencia, mostraba una resistencia pasiva a la introducción del nuevo sistema de software y contribuía muy poco a su prueba e implementación.

Mientras tanto los vendedores, demasiado ocupados promoviendo dos de los productos no primordiales, no dedicaban el tiempo necesario a sus clientes claves. Además, no dieron aviso anticipado a sus clientes del calendario para la conversión al nuevo software y, cuando comenzaron a abundar las quejas, dieron más excusas que soluciones.

En cuanto al personal de mercadeo, había creado prematuramente una imagen de calidad y servicio asociados con la implementación del software integrado, y se puso a la defensiva cuando empezó a enfrentar la insatisfacción de los clientes.

No era de extrañar entonces que los clientes claves hubiesen comenzado a buscar nuevos horizontes. Una vez que Brian reunió las piezas de aquel rompecabezas, convocó a una reunión de emergencia con los ejecutivos de primer nivel de TechCorp. Dirigiéndose al grupo, les dijo:

—Creo que ahora tengo una idea bastante clara de cómo nos metimos en este lío. No estoy aquí para culpar a ninguno de los departamentos. Lo que tenemos que hacer es recuperar a esos dos clientes o conseguir otras cuentas igual de buenas. Lo ideal sería lograr ambos objetivos. Tienen una semana para dilucidar cómo lo conseguirán. Pueden concentrarse aquí o en algún otro sitio pero confío en que trabajarán en esto día y noche. Cancelen todo lo demás. Pongan en espera los otros proyectos. ¡Hagan todo lo que sea necesario! Estaré de vuelta la semana próxima, y espero que para entonces tengan un plan coherente.

Los ejecutivos de TechCorp se sintieron sacudidos por las exigencias de Brian. Cancelaron todos sus compromisos y decidieron permanecer en las instalaciones de la empresa, recluidos en la sala de conferencias, sobreviviendo a base de emparedados. Analizaron las razones por las que habían perdido aquellas cuentas. Utilizando una pizarra blanca, cada jefe de departamento expuso de qué manera su equipo pudo haber actuado de manera diferente para evitar la pérdida de ventas. Codo a codo analizaron las necesidades de los clientes perdidos y determinaron lo que podían hacer para recuperarlos. Hacia mediados de la semana habían desarrollado un plan, que pusieron a prueba cuestionando sus premisas e identificando razones por las que podría fallar. Acto seguido modificaron el plan y lo sometieron a prueba una vez más. A finales de la semana todos estaban convencidos de que habían desarrollado un plan coherente y prácticamente a prueba de errores.

La semana siguiente, cuando Brian regresó a la sede de TechCorp, notó de inmediato cuán motivado se encontraba el equipo. Estaban ansiosos por mostrarle de qué manera podían remediar la situación. Brian quedó impresionado con la creatividad del plan y aliviado por el hecho de que hubieran sido capaces de dar respuesta a cada uno de sus cuestionamientos y preocupaciones. Se sintió lo suficientemente satisfecho con el progreso de TechCorp como para volver a casa.

Al abordar el avión aquella noche y ocupar su cómodo asiento en primera clase, fue recibido por una sonriente auxiliar de vuelo que le ofreció una bebida. Brian se felicitaba a sí mismo por el éxito del equipo de TechCorp al concebir un plan de acción efectivo y unificado. Pocas veces había sido testigo de tal energía y unidad de propósito. Mientras el avión despegaba, su mente siguió rememorando los acontecimientos del día. Poco después el avión alcanzó la altitud de crucero y Brian se quedó dormido. Media hora después despertó con un pensamiento revelador.

—¿A quién pretendo engañar? —se dijo—. Esta es tan solo una solución temporal. ¿Cómo puedo asegurarme de que dentro de un tiempo las cosas no volverán a estar como estaban antes? Y lo más importante, ¿cómo estar seguro de que TechCorp se integre exitosamente en el Grupo XCorp? Hay retos culturales realmente relevantes ahí. ¿Cómo podemos cambiar la cultura empresarial de TechCorp? Tengo una visión en mi mente del aspecto que debería tener todo esto, ¿pero cómo lograr que ocurra?

Mientras el avión surcaba el oscuro cielo, el último pensamiento de Brian antes de volver a quedarse dormido fue: "¿Dónde está el Infoman cuando uno lo necesita?".

❖ ❖ ❖

El domingo siguiente Brian se encontraba en casa, sentado al lado de su piscina. El clima era perfecto pero Brian no conseguía disfrutarlo. Durante la pasada media hora había estado examinando las noticias financieras en su computadora portátil, comprobando que la adquisición de TechCorp estaba produciendo un impacto negativo en la imagen de XCorp. Se echó hacia atrás y cerró los ojos, reflexionando sobre algunas de las cuestiones que había encontrado durante su visita a TechCorp.

Cinco minutos después Brian escuchó el sonido que anunciaba la recepción de un nuevo correo electrónico. Echó un vistazo a la pantalla. ¡Había un correo electrónico del Infoman!

—Hola Brian —leyó—. Veo que estás teniendo retos con tu nueva adquisición.

Brian se quedó asombrado con el correo electrónico. Inmediatamente respondió:

—Hola Infoman. No sé cómo haces para aparecer siempre en el momento en que te necesito. Efectivamente, enfrentamos un serio reto en relación con la empresa que adquirimos recientemente. Por suerte tuve oportunidad de intervenir y presionar a los ejecutivos para que desarrollaran una solución. Sin embargo, temo que solo hayamos dado con una solución temporal. ¿Podemos iniciar una sesión por chat para hablar sobre ello?

—Claro que sí —contestó el Infoman—. Te llamo para una videoconferencia. ¿Cuál es tu nombre de usuario para agregarlo a mis contactos?

—¿Qué crees que provocó la crisis? —preguntó el Infoman unos minutos más tarde.

—Podría achacarle toda la culpa a la economía —respondió Brian—, pero no voy a hacerlo. Hice un poco de investigación y concluí que había tres causas principales: algunos departamentos que no seguían las estrategias acordadas, el no compartir información relevante y el no cooperar entre sí para superar los desafíos.

—¿Cuál de ellas consideras que es la causa principal? —cuestionó el Infoman.

—No estoy seguro, pero me parece que la causa central es la falta de colaboración —dijo Brian.

—Es posible —comentó el Infoman—, pero tomando en cuenta las tres causas que mencionaste, es más probable que la principal provenga de que las personas no estaban siguiendo la estrategia acordada. Si las acciones de tu personal estuviesen alineadas con la estrategia, entonces sería sencillo establecer la colaboración. La colaboración en sí misma no siempre garantiza resultados.

—Entiendo lo que quieres decir —dijo Brian pensativamente.

De pronto, Brian escuchó un ruido a sus espaldas. Su vecino, Ben Walker, había entrado por la puerta trasera.

—¿Estás listo para irnos? —gritó Ben.

—En un minuto estoy contigo —respondió Brian.

—Tengo que marcharme ahora, pero hablemos más tarde —le dijo Brian al Infoman—. ¿Qué te parece a las ocho de la noche?

—Muy bien. Entonces hasta luego —dijo el Infoman.

—¡No me digas que estás trabajando un domingo! —exclamó Ben.

—Solo estoy tratando de ordenar algunas ideas —replicó Brian.

—Bueno, ¿y las ordenaste?

—Iba por buen camino, pero todavía me falta mucho.

—Pues van a tener que esperar. A nosotros también nos espera un largo trayecto y reservé la cancha para las tres. ¡De modo que date prisa!

Brian entró rápidamente a la casa para recoger su raqueta y sus zapatillas. Luego ambos amigos subieron al auto y se pusieron en marcha.

Un par de horas más tarde Brian regresó a casa cansado pero contento. Había cenado en el club, invitado por Ben. Los dos amigos tenían una regla: el perdedor invitaba a cenar al ganador. Ahora estaba impaciente por continuar su conversación con el Infoman.

Brian se preparó una taza de café bien caliente, se instaló en su estudio y abrió la computadora portátil. Eran casi las 8 de la noche. Se reconectó un par de minutos después.

—¿Qué tal el juego? —preguntó el Infoman.

—El mío bastante bien; por lo menos lo suficiente como para ganarle a Ben dos de tres sets. Así que me gané una invitación a cenar, pero la verdad es que estaba ansioso por regresar y continuar nuestra conversación.

—Yo también —replicó el Infoman—. He estado pensando en las causas de los retos que tienes con TechCorp. Para mí, el no seguir las estrategias acordadas se traduce en la necesidad de alineación con la estrategia. El fracaso de alinear los esfuerzos de cada integrante de la organización con las estrategias acordadas es de hecho un problema enorme para muchas empresas.

—¿Entonces cuál es la solución? ¿Cómo se aseguran las organizaciones de que las acciones que toma el personal estén alineadas con la estrategia?

—Es una buena pregunta. No sé cómo pueden asegurarse ya que es algo difícil de hacer. Pero conozco muchas organizaciones que han hecho un esfuerzo considerable al respecto por medio de la implementación de un proceso de alineación.

—¡Un proceso de alineación! ¿Y eso qué es?

—Es un proceso que te permite alinear tu organización. Incluye la definición de una visión y una estrategia compartidas, la construcción de un mapa para llevar a cabo la alineación, la definición de scorecards o cuadros de desempeño individuales, la instalación de un software de seguimiento y la implementación de un nuevo modelo de gestión. Todo empieza con la misión y la visión —continuó el Infoman—. Luego preguntó:

—¿Ya los tienes establecidos en el Grupo XCorp?

Brian lo pensó un instante. Existían declaraciones de misión y de visión para cada una de las divisiones dentro del Grupo. En cuanto al Grupo en su totalidad, Brian tenía en mente una visión de hacia dónde debían encaminarse, pero no era algo que hubiese formalizado. No contaba con una declaración de misión para el Grupo entero.

—En realidad, en este momento no tenemos todas esas piezas en su lugar —respondió Brian—. Sin embargo tengo una visión en mente y algunos planes para el avance de todo el personal.

—Algo que he aprendido a lo largo de numerosos años de experiencia trabajando con corporaciones es que la visión tiene que ser compartida por todos. Mi recomendación es que reúnas a tu equipo directivo en un retiro de trabajo con el propósito de crear una misión para el Grupo y para traducir esa visión que tienes en mente en un enunciado que todos compartan.

—Me parece una buena sugerencia —dijo Brian—. De hecho habíamos estado planeando tener pronto un retiro corporativo con diversas actividades, pero podemos ajustar la agenda para incluir este proceso de forjar una visión. Te haré llegar algunas fechas posibles cuando regrese a la oficina.

CAPÍTULO 2

Misión y Visión

Un mes más tarde, los altos ejecutivos de XCorp se reunían en un hotel en Vermont para una sesión de trabajo con el Infoman. Entre los participantes se encontraba Shirin Chandra, vicepresidente de planeación; Pat Brown, vicepresidente de Tecnologías de Información (TI); Ted Finley, vicepresidente de finanzas, y Gail Locke, vicepresidente de Recursos Humanos. También estaban los directores generales de las empresas que conformaban la organización: Wade Warner, director general de XCorp US; Don Turner, director general de Integrated Electronic Systems (IES); Rick Toner, director general de Cellular, y Andrew Carlson, vicepresidente de ventas de TechCorp. Andrew asistía en representación de TechCorp ya que el puesto de CEO estaba vacante.

El salón para la reunión era muy amplio, con ventanales enormes y una vista espectacular a las montañas circundantes. Brian dio una cálida bienvenida al grupo. Acto seguido anunció el propósito de la sesión.

—Estoy convencido de que esta fusión fue la mejor decisión para todas las partes involucradas. Le ha concedido a nuestra organización una fortaleza inmensa, y sin embargo también tenemos serios retos. Debimos afrontar muy recientemente uno de estos desafíos cuando TechCorp perdió dos de sus clientes más importantes. Este hecho tuvo un enorme impacto negativo en nuestro balance de operaciones y empañó la imagen de nuestro grupo en la bolsa de valores. Cuando investigamos la razón de fondo para este golpe inesperado, nos dimos cuenta de que la causa primordial había sido la falta de alineación de los diferentes departamentos con la estrategia de TechCorp. Ahora estamos absorbiendo esas pérdidas y hemos desarrollado un plan para recuperar a los clientes perdidos o añadir nuevos clientes. No obstante, soy consciente de que aquello que nos afectó en TechCorp puede volver a presentarse y ponernos de nuevo en jaque en aquella división o en otra división del Grupo. Mi percepción es que lo que necesitamos hacer en este momento es alinear nuestra organización. Estamos aquí reunidos hoy para iniciar ese proceso, y para nuestra fortuna contamos con la presencia de un experto en alineación que puede ayudarnos.

Brian le pidió a cada uno de los asistentes que se presentara y a continuación presentó al Infoman.

—¡Buenos días a todos! —dijo el Infoman—. Me siento muy contento de participar en este proceso tan importante y compartir con ustedes lo que he aprendido sobre alineación después de trabajar con numerosas organizaciones a lo largo de los años. Una de las cosas cruciales que hemos descubierto es que la alineación comienza con una misión y una visión compartidas dentro de la organización. Por lo tanto hoy daremos inicio a nuestra conversación sobre la visión y la misión del Grupo XCorp. Brian tiene una visión estupenda para el futuro del Grupo pero no hay manera posible de que los guíe hacia esa visión a no ser que ustedes la asuman como algo propio y se comprometan con ella. Tengo plena confianza en que lo que va a salir de nuestro trabajo hoy va a incluir la visión de Brian pero va a ser muy superior a la que en este momento él tiene en mente. Mi papel será actuar como facilitador en el proceso para crear esa visión y alinear con ella al Grupo XCorp.

Los asistentes escucharon la introducción del Infoman con reacciones divergentes. Andrew Carlson no sabía muy bien qué pensar ya que todavía estaba muy afectado por la renuncia de Peter Bergman, su anterior jefe. Rick Toner, el director general de la división Cellular se mostraba neutral y observaba el proceso de manera cauta. Shirin Chandra, Pat Brown, Wade Warner y Gail Locke se sentían entusiasmados con las perspectivas de la reunión y ansiosos de descubrir cómo se implementaría este proceso de alineación. Gail había formado parte de la empresa durante muchos años y se había ganado la confianza de Brian como vicepresidente de Recursos Humanos. Pat Brown tenía mucho interés en conocer las necesidades en el ramo de Tecnologías de Información de los otros ejecutivos que asistían a la sesión. Wade Warner era un CEO con una amplia experiencia operativa que fue ascendido para dirigir XCorp US cuando Brian fue ascendido al cargo de director general corporativo. Él también era un seguidor decidido de Brian y asistía a la sesión con marcado entusiasmo. Ted Finley y Don Turner, sin embargo, tenían poquísimo interés en el asunto y asistían al evento solo por obligación. De hecho Don se sentía algo inquieto. Desde que había sido nombrado CEO, su empresa había sido exitosa pero no había logrado los grandes avances que él había anticipado. Había introducido numerosos productos en el mercado pero ninguno de ellos había sido suficientemente innovador para marcar una diferencia importante o lograr una participación significativa en el mercado. Recientemente había asistido a un curso breve en la Universidad de Harvard y había regresado con muchas ideas acerca de cómo se podrían cambiar las cosas. El retiro de trabajo con el Infoman se le hacía innecesario y le parecía una amenaza para el reconocimiento que esperaba recibir de Brian.

El Infoman notaba el escepticismo de algunos de los asistentes. Pensó de inmediato que no conseguiría que este grupo participara de una manera provechosa a menos que se creara un ambiente que condujera a la creatividad, el pensamiento estratégico y la unidad de propósitos.

Al echar un vistazo alrededor del recinto observó comportamientos que con frecuencia había experimentado con otros grupos: computadoras portátiles abiertas, conversaciones aisladas entre algunos de los presentes y un par de ellos que miraban tan fijamente sus teléfonos celulares como si su vida dependiese de ellos.

—Mi labor es crear aquí un ambiente en el cual todos se sientan seguros de hablar, de ser escuchados y respetados —dijo el Infoman—. De modo que les pido que me ayuden. ¿Podrían ustedes identificar los comportamientos necesarios para que se diera ese tipo de ambiente en esta reunión?

Varios de los presentes aportaron sugerencias. El Infoman anotó sus aportes y animó a los otros a que también participaran. La lista fue creciendo a medida que las personas en la sala se sentían más relajadas.

La lista final incluía los siguientes puntos clave: no establecer jerarquías, participación activa, no menospreciar aportes de los otros, escuchar con atención, escuchar con actitud positiva, no interrumpirse unos a otros, apagar los teléfonos celulares, cerrar las computadoras portátiles, revisar los mensajes pendientes tan solo durante los descansos. El Infoman indicó que el grupo había compilado una buena lista, pero que le gustaría agregar un punto adicional y esperaba que los presentes estuviesen de acuerdo.

—El punto que quiero agregar es un grado de desapego o distancia —dijo—. Esto quiere decir que cuando aportes una idea al grupo intenta desprenderte de ella. Una vez que se ha ofrecido, ya pertenece al grupo y ha dejado de ser tuya. Si alguien critica esa idea no lo tomes de forma personal. La crítica de las ideas es bienvenida, no así la crítica de las personas. Si logras un grado de desapego, incluso es posible que pasado un tiempo te encuentres hablando en contra de tu propia idea después de haber recibido mayor información. El desapego también significa que debes tratar de olvidar tus agendas personales. Tu lealtad no debe ser con tu cargo actual ni tus ambiciones personales sino con la empresa en su totalidad. Nos encontramos aquí reunidos para promover los intereses del Grupo XCorp y no nuestros cargos individuales. El apego a las ideas propias a menudo se convierte en un velo que esconde las oportunidades.

Rick Toner, el director general de la división Cellular de XCorp, asintió. Le parecía valioso lo que estaba haciendo el Infoman. Rick era un ejecutivo con una trayectoria impresionante. Había conseguido que su empresa volviera a presentar ganancias a los seis meses de hacerse cargo. Entre sus fortalezas se contaba una visión amplia y habilidad para pronosticar las tendencias del mercado. Rick se había sentido incómodo al presenciar las fricciones entre Brian y Peter y le había molestado observar lo apegados que ambos estaban a su visión y sus posturas personales. Le complacía escuchar hablar de este concepto de desapego.

Sin embargo, Don Turner se sentía ofendido con la lista que se estaba desarrollando y quería decir algo que minimizara lo que estaba haciendo el Infoman. Decidió esperar a que se presentara una buena oportunidad de hacerlo.

Andrew, el ejecutivo que representaba a TechCorp en la reunión, se encontraba en guardia. Aunque veía la lógica de lo que estaba diciendo el Infoman no se sentía nada contento con la cadena de acontecimientos que habían llevado a la situación actual de TechCorp. Le preocupaba que el estado de TechCorp fuese marginalizado durante aquella sesión y sabía que le resultaría difícil desapegarse de su propia postura. Su incomodidad se había enfocado en el resentimiento que le causaba la presencia y la influencia de Shirin Chandra, vicepresidente de planeación. Le parecía que tenía una influencia excesiva para ser una mujer tan joven.

Shirin, no obstante, parecía no prestar atención a la actitud de Andrew. Tenía una formación académica impresionante y sabía que Brian valoraba mucho sus opiniones. Sentía entusiasmo y confianza tanto por la celebración de aquel retiro de trabajo como por su presencia en él.

El Infoman preguntó al grupo si habían comprendido y si estaban de acuerdo con los conceptos que había explicado hasta el momento. Nadie se mostró abiertamente en desacuerdo, aunque Ted estaba refunfuñando para sus adentros.

El Infoman añadió la palabra "Desapego" a la lista que habían elaborado entre todos y a continuación dijo que aquella lista compilaba las reglas básicas para aquella reunión. Instó a los asistentes a que se atuvieran a ellas. Uno de los participantes leyó en voz alta las reglas y en seguida todos apagaron sus teléfonos celulares y cerraron sus computadoras portátiles. El Infoman pidió un voluntario para recordar al grupo cuando alguien se desviara de las reglas básicas.

Ted Finley era una de las dos personas en el grupo con una actitud negativa. Le irritaba pensar que tantos altos ejecutivos estuviesen gastando tal cantidad de tiempo en lo que él consideraba "banalidades". Ted era una de aquellas personas que se centran marcadamente en los resultados financieros y solo le interesaban los proyectos que consideraba directamente relacionados con las ganancias del grupo. Alzó la mano para pedir la palabra y dijo:

—Ya sé que hemos adoptado esta serie de reglas básicas, como las llamas, pero al decir que "no hay jerarquías", ¿significa esto que todos tenemos igual voz y voto en tomar decisiones estratégicas? Si ese es el caso entonces este ejercicio es una pérdida de tiempo ya que Brian está a cargo y será él quien decida después de que haya tenido lugar toda esta conversación.

—Ese es un buen punto —respondió el Infoman—. Estoy de acuerdo contigo en que la estrategia de una empresa es una decisión que toma su director general, pero se trata de una decisión consultiva. Esto significa que el director general debe consultar con su equipo, escuchar sus aportes y luego tomar una decisión. Brian está recibiendo todos sus aportes de manera que al final le sea posible tomar la mejor decisión. Pero si ustedes se sienten restringidos por la jerarquía en esta reunión, entonces no se van a expresar tan abiertamente y sus aportes resultarán menos valiosos. Es por ello que nuestra reunión de hoy es importante y no una pérdida de tiempo.

Continuó diciendo el Infoman:

—Existen otros tres tipos de decisiones disponibles para los líderes. Una "decisión por mando" es la que toma un líder sin recibir aportes o colaboración de nadie más. Una "decisión participativa" ocurre cuando la decisión final es tomada por el grupo. Una "decisión delegada" se presenta cuando no es tomada por el líder porque ya él o ella han delegado el asunto a alguien más. Un líder debe decidir qué tipo de decisión es apropiada para una situación particular. La misión y la visión de la empresa son decisiones consultivas de los dueños de esta porque implican inversión. Y de cierta manera estoy de acuerdo con Ted en que la estrategia es una decisión consultiva del director general de la empresa. Así que en esta sesión lo que realmente estamos haciendo es proporcionar aportes para quienes toman las decisiones.

Prosiguieron hacia el primer tema de la sesión: crear una misión para XCorp. El Infoman recalcó lo importante que resultaba para la organización contar con un sentido de misión claro e inspirador.

—La misión —afirmó— es la razón para la existencia de XCorp como grupo. ¿Qué valor están dispuestos a agregar ustedes para que valga la pena la inversión de tiempo, energía y sacrificio? Esta misión va a constituir no solo el marco que los va a guiar en el proceso estratégico sino que servirá también para energizar a la fuerza laboral de la empresa a todos los niveles.

El Infoman dividió a los asistentes en grupos pequeños. Les pidió que se dirigieran a espacios separados y empezara cada cual a proponer ideas, consultar unos con otros y luego escribir lo que consideraban que debería ser la misión del Grupo XCorp.

Pasados 45 minutos los grupos regresaron para comentar los resultados del ejercicio. Cada grupo presentó una descripción preliminar y se hizo evidente que habían surgido tres declaraciones de misión diferentes. No resultaba sorprendente que cada uno de los directores generales concibiera la misión de toda la organización como una extensión de la empresa que cada cual dirigía. Sin embargo, a pesar de las diferencias, las tres descripciones contenían componentes valiosos.

El Infoman los animó a que tuvieran una discusión franca y abierta de cada una de las descripciones para asegurarse de que todas fuesen comprendidas por el grupo entero. Después de una ronda de comentarios y opiniones se llegó a un consenso que incorporaba los conceptos más valiosos de cada grupo. Todos parecían sentirse cómodos con la nueva descripción de la misión de XCorp.

Misión del Grupo XCorp

Nuestra Misión es la de conectar a las personas en todo el mundo, a través de una comunicación instantánea, de alta calidad y accesible.

El grupo tomó un descanso para almorzar un delicioso buffet que se servía en la terraza. Los asistentes terminaron sentándose al lado de integrantes del equipo corporativo con quienes antes no habían compartido mucho tiempo. En cada una de las mesas se fueron dando conversaciones animadas a medida que los ejecutivos reflexionaban sobre las ideas que habían estado intercambiando durante la sesión.

Cuando se reunieron de nuevo, el Infoman les pidió que se desapegaran de las operaciones actuales de su empresa y que se concentraran en pensar en el futuro.

—Imaginen que están tomando una foto del éxito del Grupo XCorp a cinco años de hoy. ¿Qué aspecto tendría esa foto? Lo que les estoy pidiendo es que visualicen oportunidades para esta organización en los años venideros con una confianza total en que existen las posibilidades y que esas posibilidades son abundantes. Consideren la misión que ya hemos definido, el mercado y las tendencias económicas que se irán desarrollando, el potencial fortalecimiento de los competidores existentes, así como la aparición de nuevos competidores ¿Qué posibilidades pueden visualizar para el Grupo XCorp?

Después de estas palabras el Infoman de nuevo los dividió en grupos diferentes y los instó a trabajar conjuntamente y a seguir las reglas básicas para la consulta.

Los participantes procedieron a trabajar en lo que se les pedía. Estudiaron las estadísticas que les habían preparado. Identificaron las necesidades generales del mercado para los productos y servicios que apoyaban su misión así como las posibles contribuciones del Grupo XCorp en el período de tiempo que estaban considerando. El Infoman se paseaba por los distintos grupos, escuchando las conversaciones, deteniéndose para hacer un comentario aquí o animar allá a los participantes a dar ideas. De manera gradual los grupos terminaron de redactar lo que consideraban una visión ambiciosa para el Grupo XCorp.

Mientras cada grupo presentaba la propuesta de su visión a la reunión plenaria, el recinto se iba llenando de un alto nivel de energía. Cada uno de los conceptos que se presentaban daba origen a un animado intercambio de ideas entre los participantes. Algunos de los conceptos se habían desviado de la misión y debían ser descartados. Otros parecían demasiado idealistas y resultaba necesario atenuarlos. Las ideas principales que surgieron de los distintos grupos fueron mejorando con la participación de todos los asistentes y propició una conclusión con la que todos se sentían cómodos.

Visión del Grupo XCorp
Cinco años en el Futuro

Seremos la compañía de comunicación preferida con presencia global.
Nos distinguiremos de nuestros competidores por la excepcional calidad y el servicio al cliente, por la efectividad operativa de todos nuestros negocios, nuestro liderazgo en tecnología, el excelente trato a nuestros empleados, el excepcional valor que proporcionamos a nuestros clientes, el alto valor para nuestros accionistas y nuestra contribución a la comunidad

El Infoman felicitó al grupo por la unidad que habían alcanzado al formular una ambiciosa visión común. Brian miró su reloj. Eran las cinco y media. Consultó con el Infoman y entre los dos decidieron que el resto de la velada sería de "tiempo libre".

—Hoy estamos concluyendo la jornada un poco temprano —dijo Brian— y estoy seguro de que todos pueden utilizar ese tiempo para ponerse al día con los correos electrónicos o revisar sus mensajes telefónicos. Tenemos planeado para mañana un día muy ocupado, a partir de las 8 a.m., así que les deseo una buena noche y espero verlos mañana frescos y descansados.

Brian subió a su habitación. Se sentía de muy buen ánimo. Comenzó a caminar de un lado a otro, pasando revista a los eventos del día. No quería mirar todavía sus correos electrónicos por si hubiese algo desagradable que pudiese estropear su estado de ánimo. Encendió su teléfono móvil y se percató de que su esposa Jennifer lo había llamado dos veces. Esto no era nada frecuente en ella y le causó cierta alarma. La llamó de inmediato.

—Hola, Jen. ¿Cómo estás? ¿Qué pasa? ¿Cómo está Tania?

—Hola, Brian —respondió su esposa.

Jennifer era una mujer encantadora, muy segura de sí misma.

—Solamente quería consultarte a propósito de algo. Ha sido un día un poco extraño. Como te dije, me quedé en casa porque Tania tenía fiebre. Ahora se siente mejor, así que no te preocupes por ella.

—Me alegra saberlo —dijo Brian—, es un alivio. Pero me parece que pasa algo porque me has llamado dos veces. ¿Ocurre algo?

—Nada grave. Solo que he estado recibiendo unas llamadas telefónicas extrañas. Es una misma voz de hombre que ya ha llamado tres veces. Pregunta por ti y cuando le digo que no estás en casa me dice "Ya lo sé" y cuelga. Ya está empezando a preocuparme. ¿Tienes idea de quién puede ser?

—No; no tengo la menor idea. Tal vez deberías dejar que todas las llamadas vayan directamente al contestador. Quizás así quienquiera que sea comprenderá el mensaje y os dejará en paz. Voy a dejar el celular encendido el resto de la noche, así que llámame a la hora que sea.

Siguieron conversando durante varios minutos y luego se despidieron. Brian se acercó a la ventana y se quedó mirando fijamente hacia afuera, sumido en sus pensamientos y preocupado por lo que le acababa de contar su esposa.

Finalmente decidió encaminarse al restaurante del hotel.

—Tal vez encuentre al Infoman y nos tomamos una bebida —pensó.

CAPÍTULO 3

El Árbol de la Visión

Gail Locke iba un poco atrasada para la sesión matinal. Había decidido bajar a nadar temprano aquella mañana y lo había disfrutado muchísimo. Pero ahora se daba cuenta de que tendría que presentarse con el pelo húmedo o bien llegar un poco tarde. "A pesar de que estamos en un hotel y no en una oficina corporativa podría parecer demasiado informal si me aparezco con el pelo húmedo —se dijo—. Y no creo que Brian piense que es falta de respeto con el proceso si me presento cinco minutos tarde".

Gail había estado esperando con gran antelación estas sesiones en el hotel, lejos de la ciudad, que a veces la agobiaba un poco. Su estado natal era Colorado y le encantaban las montañas y los paisajes amplios y abiertos. También le gustaba pasar ratos al aire libre, algo que recientemente no se podía permitir con frecuencia por falta de tiempo. Y es que a medida que ascendía en la empresa su trabajo se había ido haciendo cada vez más exigente. Tenía a Brian en alta estima y se sentía entusiasmada y contenta con el proceso en el que estaban trabajando.

Gail entró en el salón discretamente y se alegró al darse cuenta de que el Infoman apenas estaba iniciando la sesión.

—Ahora ya han creado una visión compartida y muy interesante —dijo—. Pero tiene que ser mucho más específica si verdaderamente queremos transformarla en una realidad. Tenemos que entender esa visión en términos cuantificables. ¿Por qué? Porque si puedes cuantificar tu visión entonces puedes ir midiendo el progreso hacia su alcance. Medir y cuantificar la visión comienza con identificar los elementos requeridos para completar la visión. De modo que primero vamos a identificar los elementos y luego para cada elemento vamos a definir una manera de medir el progreso hacia su alcance. Esto lo vamos a hacer utilizando una herramienta llamada "Árbol de la Visión". Esta mañana juntos vamos a crear este árbol. Las ramas y subramas del árbol serán los indicadores de progreso hacia la visión.

—Ahora vamos a examinar la visión que ustedes han definido y a identificar sus elementos —agregó el Infoman señalando la pantalla en la que aparecía proyectada la visión del Grupo XCorp.

Brian leyó la visión en voz alta y luego comentó:

—Me parece que la primera oración, "Seremos la compañía de comunicación preferida con presencia global", es demasiado amplia. ¿Creen que deberíamos dividirla en partes?

—Definitivamente sí —dijo el Infoman—. ¿Cuáles serían algunos de los elementos de este concepto?

—¡El tamaño de la empresa! —dijo Don.

Brian respondió:

—Ese es definitivamente un componente clave de la visión.

—Bien. ¿Qué otra cosa podría indicar que la compañía de comunicación fuera la preferida con presencia global? —preguntó el Infoman.

—Creo que la cuota de mercado es un indicador para poder aparecer como ámbito global —dijo Brian.

El Infoman escribió "cuota de mercado" en la pizarra blanca.

—¿Qué más?

—Creo que nos hace falta algo acerca del reconocimiento de marca o del nombre. ¿Qué tal algo respecto de la imagen del grupo? ¿Tiene sentido? —comentó Shirin.

—No creo que la imagen sea realmente relevante —dijo Ted—. Es decir, se puede tener un ámbito global sin tener una gran imagen.

—Eso es cierto —dijo Brian—, pero queremos tener la mejor imagen. No olviden que esta es nuestra visión de lo que deseamos lograr.

El Infoman escribió "imagen" en la pizarra.

—¿Algún otro componente relacionado con estar entre las diez mejores empresas? —preguntó.

—Necesitamos expandir nuestra cobertura internacional —dijo Wade—. No se puede ser una empresa de ámbito global si solo se tienen operaciones en unos cuantos países. Me gustaría ver algo relacionado con la expansión de localidades o áreas a cubrir en el mundo.

—¿Consideran que el término "cobertura" representa bien ese concepto? —preguntó el Infoman.

Brian y Wade asintieron y el Infoman procedió a escribir aquella palabra en la pizarra.

—¿Algo más?

—Necesitamos algo que hable de nuestra creatividad y capacidad de innovación —aseveró Gail—. No podemos crecer a semejante tamaño e importancia sin creatividad. ¿Qué les parece "innovación"?

Ted sacudió la cabeza.

—Ese es otro concepto "suave" —dijo—. Ya sé que la innovación es importante pero de lo que estamos hablando aquí es de indicadores significativos, no de algo que resulta imposible medir.

—Creo que la creatividad es la clave para una buena cuota de mercado —aseguró Rick—. Por lo tanto, es preciso que encontremos una forma de medirla. Sin ella nos quedaremos rezagados.

Brian tomó la palabra.

—Estoy de acuerdo. Utilicemos entonces el término "innovación" como una categoría y luego definiremos la manera de medirla.

Don se sentía incómodo con que se agregara "innovación" al árbol. No era una fortaleza de su empresa. Él sabía que la introducción exitosa de nuevos productos al mercado era algo en lo que ellos tenían que trabajar.

El Infoman escribió "innovación" en la pizarra.

—Me siento complacido con esta lista de conceptos clave —dijo Brian—. ¿Qué dicen ustedes?

Todos permanecían sentados y pensativos, Rick habló una vez más:

—Examinando toda la descripción de la visión, me parece que hemos dejado de lado un elemento importante, la "efectividad operativa". Esto significa superar los benchmarks.

—Cierto; agreguémoslo también —dijo Brian.

El grupo continuó analizando la descripción de la visión y acordaron agregar otros elementos. Entonces elaboraron la lista con siete elementos que el Infoman fue escribiendo en la pizarra hasta obtener el siguiente listado:

1. *Compañía preferida con presencia global*
2. *Valor excepcional para clientes*
3. *Efectividad Operativa*
4. *Liderazgo en Tecnología*
5. *Excelente trato de los empleados*
6. *Alto valor para los Accionistas*
7. *Contribución a la comunidad*

Cuando terminaron la lista, el Infoman dijo:

—Estupendo. Ahora comencemos a construir nuestro árbol.

Le pidió a su asistente, Tom Jergens, que exhibiera los elementos que habían identificado como las ramas principales del Árbol de la Visión. Tom proyectó en la pantalla el árbol que estaban construyendo (véase Gráfico 1).

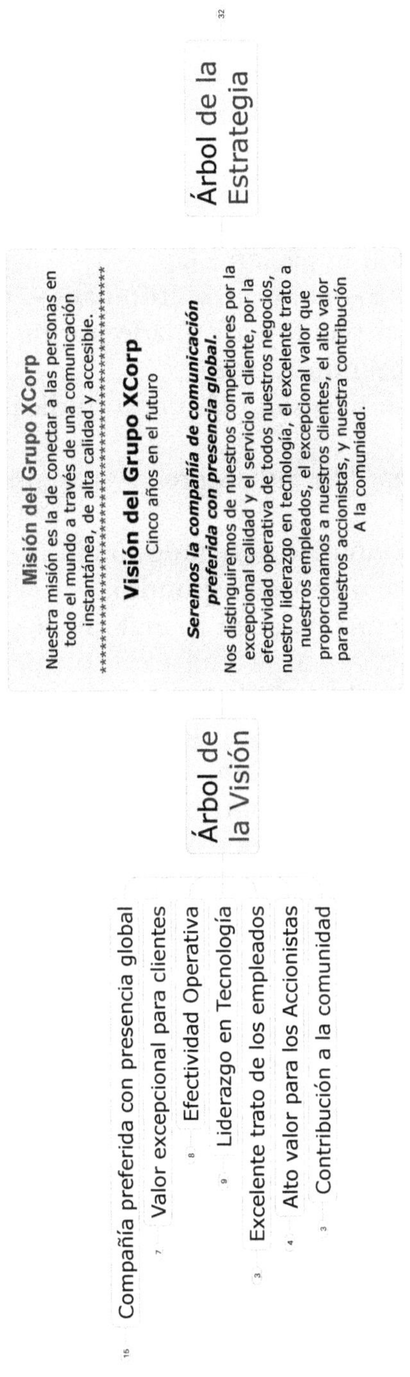

Árbol de la Estrategia [32]

Misión del Grupo XCorp

Nuestra misión es la de conectar a las personas en todo el mundo a través de una comunicación instantánea, de alta calidad y accesible.

****

Visión del Grupo XCorp

Cinco años en el futuro

Seremos la compañía de comunicación preferida con presencia global.

Nos distinguiremos de nuestros competidores por la excepcional calidad y el servicio al cliente, por la efectividad operativa de todos nuestros negocios, nuestro liderazgo en tecnología, el excelente trato a nuestros empleados, el excepcional valor que proporcionamos a nuestros clientes, el alto valor para nuestros accionistas, y nuestra contribución A la comunidad.

Árbol de la Visión

[16] Compañía preferida con presencia global

[7] Valor excepcional para clientes

[8] Efectividad Operativa

[9] Liderazgo en Tecnología

[3] Excelente trato de los empleados

[4] Alto valor para los Accionistas

[3] Contribución a la comunidad

Gráfico 1

—Revisemos ahora cada uno de los elementos de la visión para determinar si puede ser medido por un indicador o si necesitamos varios indicadores o bien subdividir aún más ciertos indicadores.

—¿Podemos comenzar por *valor para los accionistas?* —preguntó Ted con impaciencia.

—Por supuesto —contestó el Infoman—. ¿Alto valor para los Accionistas puede ser captado por un indicador o se precisan varios indicadores?

—Creo que se necesita más de un indicador —respondió Ted.

—¿Cuáles serían los indicadores? —preguntó el Infoman.

—El valor económico agregado, o EVA, y el valor de mercado agregado, o MVA —respondió.

En ese momento pasaron a analizar el significado de los conceptos EVA y MVA. Ted explicó que el EVA se mide en función de las utilidades después de descontar impuestos y de restar el costo del capital y que el MVA mide la diferencia entre el valor de mercado de una empresa y el capital con que contribuyen los inversionistas, tanto los poseedores de bonos como los accionistas. El grupo decidió que los dos indicadores eran apropiados para medir el concepto.

—¿Tienen algo que agregar? —indagó el Infoman.

Ted volvió a hacer uso de la palabra:

—De hecho me parece que también es necesario agregar EBITDA y la "ganancia por acción" o EPS.

—Es una buena idea —afirmó el Infoman.

Ted se estaba sintiendo crecientemente cómodo con el proceso. Le parecía ahora que el Infoman entendía su perspectiva y sus puntos de vista y también que se estaba ganando la atención de Brian.

—Bien, parece que podemos continuar —dijo el Infoman. Miremos el Árbol de la Visión que hemos definido hasta ahora (véase Gráfico 2).

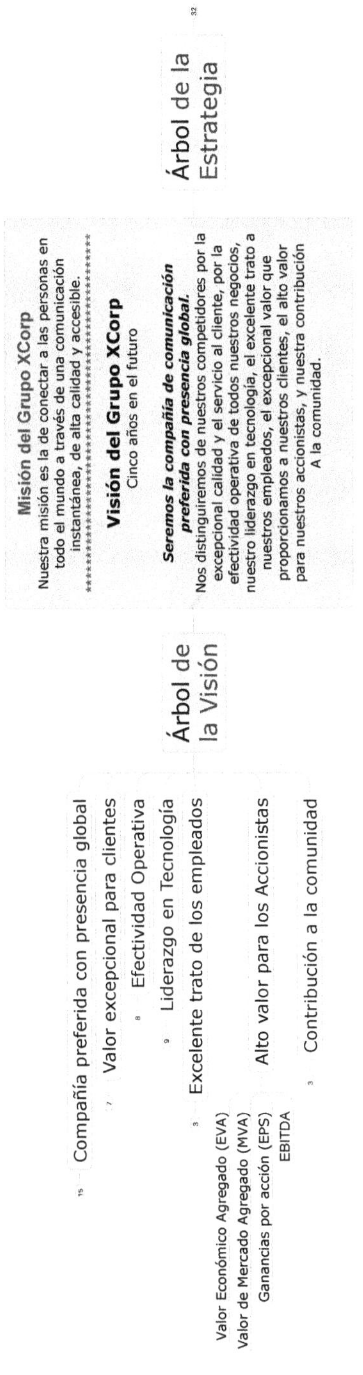

Árbol de la Estrategia

Árbol de la Visión

Misión del Grupo XCorp
Nuestra misión es la de conectar a las personas en todo el mundo a través de una comunicación instantánea, de alta calidad y accesible.

Visión del Grupo XCorp
Cinco años en el futuro

Seremos la compañía de comunicación preferida con presencia global.
Nos distinguiremos de nuestros competidores por la excepcional calidad y el servicio al cliente, por la efectividad operativa de todos nuestros negocios, nuestro liderazgo en tecnología, el excelente trato a nuestros empleados, el excepcional valor que proporcionamos a nuestros clientes, el alto valor para nuestros accionistas, y nuestra contribución a la comunidad.

- Compañía preferida con presencia global
- Valor excepcional para clientes
- Efectividad Operativa
- Liderazgo en Tecnología
- Excelente trato de los empleados
- Alto valor para los Accionistas
- Contribución a la comunidad

Valor Económico Agregado (EVA)
Valor de Mercado Agregado (MVA)
Ganancias por acción (EPS)
EBITDA

Gráfico 2

57

—Tengo una pregunta —dijo Shirin—. ¿No deberíamos dividir el indicador EVA en algunos subindicadores? Se me ocurren muchos indicadores que impactan al EVA.

—Estás en lo correcto, Shirin; podemos colocar los subindicadores obvios en este árbol, pero más adelante se le pueden agregar más detalles —respondió el Infoman.

El grupo pasó revista a cada una de las ramas. Dividieron varios de los elementos en subramas y definieron los indicadores para cada una. Cuando terminaron, el Árbol de la Visión tenía el siguiente aspecto (véase Gráfico 3).

—¡Yo creo que es un comienzo excelente! —comentó el Infoman—. Hemos logrado avanzar bastante pero probablemente quedan muchos más subindicadores por identificar. No tendremos suficiente tiempo para identificar todos los subindicadores. Propongo que Brian designe un equipo que se encargue de esto a manera de tarea. Adicionalmente este equipo puede trabajar en recopilación de datos y en los objetivos. A este equipo se le puede llamar "el equipo de visión". Luego los resultados del trabajo de este equipo deberán ser revisados por el grupo presente en este retiro de trabajo para llegar a los ajustes y la validación final.

El Infoman dijo a continuación:

—Con gusto me puedo reunir con ese equipo y ayudarle a llevar a cabo la tarea de preparar el Árbol de la Visión para su aprobación final por parte de este grupo.

Brian se sentía impresionado con la asombrosa claridad que el Árbol de la Visión estaba aportando para la visión de XCorp. Le dio las gracias al Infoman y les pidió a Shirin y a otros dos asistentes que conformaran el equipo de la visión para completar el trabajo pendiente en el Árbol de la Visión.

El grupo se dirigió a almorzar, con la sensación de que la mañana había resultado muy productiva.

❖ ❖ ❖

Árbol de la Estrategia

Árbol de la Visión

Misión del Grupo XCorp

Nuestra misión es la de conectar a las personas en todo el mundo a través de una comunicación instantánea, de alta calidad y accesible.

Visión del Grupo XCorp

Cinco años en el futuro

Seremos la compañía de comunicación preferida con presencia global.

Nos distinguiremos de nuestros competidores por la excepcional calidad y el servicio al cliente, por la efectividad operativa de todos nuestros negocios, nuestro liderazgo en tecnología, el excelente trato a nuestros empleados, el excepcional valor que proporcionamos a nuestros clientes, el alto valor para nuestros accionistas, y nuestra contribución a la comunidad.

Gráfico 3

Compañía preferida con presencia global

- Top of mind | Imagen
- Presencia de mercado
- Tamaño del grupo XCorp
- Cobertura grupal

Participación de mercado del producto líder
Participación de mercado de productos estratégicos
Participación de mercado del producto líder
Participación de mercado de productos estratégicos

Participación de mercado en países G8
Participación de mercado en el resto del mundo

de países cubiertos por el Grupo
% de países en la posición n.° 1

Valor excepcional para clientes

- Valor
- Calidad excepcional
- Servicio al cliente excepcional

$ Ventas brutas
Crecimiento de ventas

% de crecimiento en ventas repetidas
Índice de retención de clientes

Índice de satisfacción de calidad del cliente
Índice de satisfacción del servicio al cliente

Efectividad Operativa

- Ventas
- Producción
- Distribución
- Posventa

% Cumplimiento de benchmarks
% Cumplimiento de benchmarks
% Cumplimiento de benchmarks

Liderazgo en Tecnología

- Innovación de producto
- Time to market
- Investigación y desarrollo
- Tecnología
- Innovación

de nuevos productos innovadores exitosos
de meses desde el diseño hasta el mercado
I & D como % de ventas
% de ventas de tecnología de vanguardia

Excelente trato de los empleados

de candidatos calificados para puestos vacantes dentro del Grupo
% de reducción en rotación no deseada en el Grupo
Índice de encuesta de clima laboral para el Grupo

Alto valor para los Accionistas

Valor Económico Agregado (EVA)
Valor de Mercado Agregado (MVA)
Ganancias por acción (EPS)
EBITDA

Contribución a la comunidad

Puntaje de Responsabilidad Social Corporativa (CSR) del Grupo
Contribución a causas valiosas como % de ventas
Residuos reciclados como % del total de residuos

Para después del almuerzo se había programado una actividad al aire libre. Entre las numerosas alternativas, el grupo había elegido el descenso de aguas rápidas en balsa en un río cercano al hotel. Los ejecutivos se cambiaron a vestimentas apropiadas y bajaron por un sendero hasta el río. Solo unos cuantos integrantes del grupo tenían experiencia previa en rafting. Brian, a la cabeza del grupo, conversaba con el Infoman mientras avanzaban por el sendero. Los otros venían un poco más atrás en grupos de dos o tres. Se acercaron al río, donde los esperaban dos balsas. Se dividieron en dos grupos y en seguida las abordaron. Con cada grupo iba un guía para encargarse de la navegación y de las instrucciones.

Las balsas se pusieron en marcha y empezaron a descender la corriente velozmente. Debido a las lluvias recientes el río estaba muy crecido y bajaba más rápido que de costumbre. Se emocionaron al sentir las gotas frías que se elevaban cuando las balsas hacían impacto con el agua.

De repente las balsas llegaron a una confluencia con otro río. Los guías se sorprendieron al ver que aquel riachuelo por el que habían pensado continuar, separándose del río principal, se encontraba bloqueado por un enorme árbol caído. Se vieron entonces forzados a continuar por el río más caudaloso, lo cual hacía que la excursión fuese más peligrosa a causa de la corriente y la falta de experiencia de la mayoría de los participantes. El guía principal les gritó que se agarraran bien mientras las balsas ganaban velocidad y se acercaban a un desnivel. En el momento del descenso Shirin perdió el equilibrio y se cayó de la balsa. Su cabeza golpeó contra una roca y perdió el conocimiento. Siguió río abajo y aunque flotaba gracias a la chaqueta salvavidas, obviamente se encontraba en situación de peligro.

Sin pensarlo dos veces Andrew se lanzó al agua para rescatarla. El capitán de la balsa hacía esfuerzos por acercarse a Shirin pero la embarcación seguía siendo zarandeada por los rápidos y no conseguía controlarla. En aquel momento pidió ayuda por su teléfono celular.

Andrew nadaba con todo su vigor hacia el cuerpo desmayado de Shirin, luchando contra la fuerza del agua. Empezaba a sentirse agotado y tuvo la tentación de claudicar en su intento, pero cuando vio que un brazo de Shirin se había quedado enganchado en la rama de un árbol, pensó que podría llegar hasta ella. A punta de determinación lo consiguió. Trató entonces de reanimarla. Su respuesta era muy leve, pero sintió alivio al comprobar que seguía con vida. Se quedó a su lado mientras llegaba ayuda.

Media hora después llegaron en helicóptero los guardas y se llevaron a Shirin a un hospital cercano. Al examinarla los médicos encontraron que había sufrido una conmoción cerebral leve y que debía pasar la noche en observación.

Al regresar al hotel todos los integrantes del grupo felicitaron a Andrew por su valentía. Uno tras otro empezaron a prepararse para el viaje de regreso a la ciudad. Andrew decidió quedarse en el hotel una noche adicional para asegurarse de que Shirin pudiese regresar a casa sin problemas el día siguiente. Estaba sinceramente preocupado por ella y sentía vergüenza al recordar su anterior actitud negativa con ella.

Brian estaba complacido con el resultado del retiro de trabajo. Aunque se encontraba inquieto por el accidente de Shirin, el resto de los acontecimientos se habían dado bien y de hecho sus expectativas habían sido superadas. Le parecía que su equipo estaba ahora más unificado y tenía un mayor sentido de pertenencia e involucramiento con la visión del grupo. Ahora contaban con un enunciado de misión y de visión que los entusiasmaba y habían aprendido a identificar indicadores alineados con la visión y la estrategia. Condujo de regreso a la ciudad con el Infoman como pasajero y disfrutó de una conversación estimulante.

❖ ❖ ❖

Peter Bergman estaba viendo televisión cuando sonó el teléfono. Se trataba de Andrew Carlson, su amigo desde hacía mucho tiempo, que lo llamaba para hablarle del retiro de trabajo.

—¡Hola! ¿Adivina qué? Fue una estupenda sesión de trabajo, la mejor a la que haya asistido. Realmente me da esperanzas respecto del futuro de TechCorp —relató Andrew lleno de entusiasmo.

Peter se sintió derrotado ante aquellas noticias. Había confiado en que su renuncia provocaría serios problemas a la corporación, y que contribuiría a la remoción de Brian de su puesto y eventualmente a su despido. Luchando por controlar sus emociones, Peter preguntó:

—¿Y qué fue eso tan grandioso que ocurrió en la reunión?

—Había un hombre llamado "el Infoman". Ya sé que suena raro, pero el hombre nos ayudó muchísimo. Nos presentó algunas ideas novedosas y analizamos nuestra visión desde una perspectiva totalmente nueva. Fue sorprendente cómo todos participaron. ¡El resultado fue estupendo!

—¡"Infoman"!, ¿estás bromeando? ¿De dónde demonios salió? —dijo Peter en tono de burla.

—Buena pregunta. El asunto es un tanto misterioso. Aparentemente ayudó antes a Brian, cuando asumió el cargo de director general de XCorp, antes de formar el grupo empresarial.

A Peter no le interesaba escuchar aquello, así que le dijo:

—Andrew, tú y yo construimos juntos TechCorp. ¿No te molesta ver cómo Brian la destruye?

—No me parece que la esté destruyendo. Al contrario, creo que la está fortaleciendo. Por primera vez pienso que esta fusión mejorará las cosas.

Peter escuchó aquello con una sensación de frustración y enojo creciente. Le dolía enterarse del éxito de Brian.

También sentía que estaba perdiendo la lealtad de su viejo amigo, pues era claro que la experiencia del retiro de trabajo había conseguido que Andrew se inclinara hacia el lado de Brian. Sin embargo, sabía que tenía que dar a su voz un tono positivo para no distanciarse aún más de su ex compañero.

—Me alegra que hayas tenido una experiencia tan grata —dijo con cierta renuencia—. No dejes de avisarme cómo va todo; juguemos golf uno de estos días, pronto.

CAPÍTULO 4

Estrategia

Los ejecutivos del grupo XCorp se reencontraron dos semanas después para su segundo retiro de trabajo. Esta vez fue en el hotel Marriott en el centro de Manhattan. Un día antes de la reunión, el Infoman y Brian habían intercambiado ideas por teléfono. Acordaron que el enfoque de esta nueva sesión sería desarrollar una estrategia para el grupo que les permitiera transformar su visión en una realidad.

Los ejecutivos fueron llegando a lo largo de la tarde.

El plan era comenzar el programa después de la cena con una revisión inicial de su Árbol de la Visión. Varios de los asistentes se reunieron para cenar en el restaurante del hotel.

En una mesa, Shirin, Rick, Don y Ted estaban enfrascados en una animada charla.

—Entonces, ¿qué consideran ustedes que haría que la estrategia fuese algo creativo y único? —le preguntó Shirin al pequeño grupo.

—Superar a nuestros competidores en cuanto a los benchmarks; haciendo las mismas actividades pero mejor —respondió Rick.

—¿Pero no es eso efectividad operativa? —preguntó Shirin—. Necesitamos tenerla, pero ¿resulta suficiente?

—No, porque los competidores también mejoran continuamente su eficacia operacional —señaló Don.

—Exactamente —respondió Shirin—. Esto tiene como resultado que la frontera se expanda. Limitarnos a superar a nuestros competidores en los benchmarks nos forzará a trabajar aún más duro y estaremos entrando en una competencia forzada en la que nadie gana.

—¿Entonces cuál crees que es la respuesta? —preguntó Rick.

—Yo opino que a medida que aumenta la eficacia, la diferenciación se convierte en algo clave —dijo Don.

—¿Y qué les parece añadir a nuestra mezcla de productos los que están ofreciendo los competidores para aumentar nuestra cuota de mercado? —sugirió Ted.

—¿No sería eso sencillamente copiar a nuestros competidores? —inquirió Don.

—Si bien en algunos casos es necesario copiar a otros, es algo que podría acarrearnos problemas graves y resultar en pérdidas —recalcó Shirin.

—Subcontratación externa y alianzas —respondió Rick.

—Nuestros competidores, ¿no están haciendo lo mismo? —preguntó Don.

—Mantener una actitud flexible y responder velozmente —planteó Shirin—. ¿Tú qué piensas al respecto, Andrew? Pero un momento, ¿dónde está Andrew?

En aquel mismo momento Andrew ubicó la mesa en la que estaban y se acercó de prisa. Se sentó y en seguida les preguntó:

—¿Alguien ha visto a Brian?

—No, pero eso no tiene nada de raro. Seguramente estará en algún sitio afuera hablando con el Infoman, preparándose para nuestra sesión.

—Miren ahí atrás; el Infoman está sentado en aquella mesa solo, trabajando en su computadora portátil —dijo Andrew casi sin aliento.

Todos dirigieron sus miradas hacia el otro extremo del espacioso comedor.

Localizaron al Infoman, pero Brian no se veía por ninguna parte.

—Bueno, a decir verdad, me preocupa mucho que le haya sucedido algo a Brian —continuó diciendo Andrew.

—¿Por qué? ¿Qué quieres decir? —preguntó Don.

—Bueno, quiero decir que ¿dónde está? ¿Por qué no está aquí? Tenía una reunión con él a las 4 p.m. en este hotel y nunca apareció. Llamé a su oficina y su secretaria me dijo que se había marchado después del almuerzo. Intenté con su celular pero está desconectado. Hablé a la recepción del hotel y resulta que no se ha registrado. Por eso estoy preocupado.

—¡Por el amor de Dios! ¿Por qué no lo dijiste antes? —exclamó Don—. Son las 7 de la noche. Nuestra sesión tenía que comenzar dentro de media hora. ¿Creen que deberíamos empezar a llamar a los hospitales?

—¿Pero qué estás diciendo? —preguntó Shirin, quien también empezaba a mostrarse muy agitada—. ¿Estás sugiriendo que puede estar herido?

—No estoy sugiriendo nada —contestó Andrew—; solo estoy diciendo, solo estoy diciendo…

Se le quebró la voz.

—¿Solo estás diciendo qué? —dijo Shirin con un tono de voz cada vez más alarmado.

En ese momento notó el gesto en la cara de Andrew. Tenía la boca abierta y los ojos fijos en la puerta. Todos voltearon en esa dirección. Ahí estaba Brian, recargado en el marco de la puerta. Lucía exhausto y desgreñado, y mientras lo miraban comenzó a resbalar lentamente hacia el piso.

Alguien gritó. Todos se levantaron aventando sus sillas y corrieron hacia la puerta.

—¡Retrocedan, denle espacio! —gritó Don.

—Estoy bien, estoy bien —dijo Brian débilmente—; solo denme un poco de agua, por favor.

Entonces el Infoman corrió hasta la puerta. Le pidió a Don que llevara el agua. Envió a Rick a la recepción del hotel a ver si había un médico de guardia y a pedir la llave de la habitación de Brian. Le pidió a Andrew que acercara una silla y entre ambos levantaron y acomodaron el cuerpo desmadejado de Brian.

—¿Qué demonios te sucedió? —exclamó Don.

—Aunque no lo crean, pasé la tarde encerrado en la cajuela de una limusina en el estacionamiento del hotel —contestó Brian—. A decir verdad, prefiero no hablar de eso ahora. Solo deseo ir a mi habitación y recostarme.

Todos comprendieron. Se hicieron a un lado y dejaron que el Infoman, con la ayuda de Shirin, levantara a Brian.

Rick regresó con la llave. Entonces, Andrew, Shirin y el Infoman llevaron a Brian hacia el elevador.

—Lo siento, pero creo que debemos posponer el inicio de nuestra sesión hasta mañana por la mañana —dijo el Infoman—. Nosotros cuidaremos a Brian y nos vemos todos en la mañana.

Conforme se alejaban del salón, Brian comenzó gradualmente a caminar por sí mismo.

—¿Por qué no vienen conmigo? —les propuso a los tres—. Realmente me agradaría algo de compañía y ayuda para averiguar qué me sucedió, ¡y por qué!

Los cuatro entraron en el elevador y subieron hasta una espaciosa suite. Mientras Brian se duchaba, los demás se sentaron en la sala. Shirin ordenó el servicio de habitación para Brian.

Brian salió quince minutos más tarde vestido con ropa casual y una toalla colgando del cuello.

—¡Qué experiencia tan atroz! ¡Qué día tan terrible! —exclamó.

—Por favor, siéntate y dinos qué te sucedió —le dijo Shirin en un tono tranquilizador—. Comienza desde el principio y cuéntanos todo.

Tocaron a la puerta y entró el servicio de habitación. Una vez dispuesto todo, Brian se sentó a comer. Se sentía aliviado de poder hablar con gente en la que confiaba.

—En realidad es muy simple y muy extraño. A las 2 p.m. una limusina pasó por mí para traerme al hotel. Cuando tengo un día verdaderamente ocupado, ordeno una limusina, siempre de la misma empresa, para poder seguir trabajando en el camino. Estaba haciendo mis llamadas y leyendo mi correo electrónico como de costumbre, cuando me di cuenta de que tardábamos mucho en llegar aquí. Miré por la ventana y vi que íbamos por otro rumbo. Toqué en la ventana del conductor pero este me ignoró. Seguí tocando y de pronto se metió en un callejón. En ese momento salieron dos maleantes de la parte trasera de un edificio y me sacaron del auto, me ataron las manos, me amordazaron y me metieron en la cajuela de la limusina. Desde ese momento estuve ahí encerrado.

Tomó un sorbo de agua y luego prosiguió.

—Me estuvieron dando vueltas durante horas, y hace como una hora, supongo, el vehículo se detuvo. No tenía idea de dónde estaba. Pudo haber sido un campo de maíz o qué sé yo. Comencé a patear el maletero hasta que quedé exhausto. De hecho me dormí un rato y desperté al escuchar ruidos fuera del auto. Nuevamente comencé a patear el maletero cuando, de pronto, alguien lo abrió. Al principio sentí miedo porque pensé que eran los mismos hombres que me habían metido, pero, por suerte, era uno de los empleados de la cocina del hotel que se había estacionado cerca de la parte trasera del garaje. Iba pasando a un lado de la limusina cuando me escuchó. Abrió la puerta del conductor, presionó el botón para abrir el maletero y me ayudó a llegar hasta el elevador. Tomé el elevador hasta el salón de conferencias, pero al cruzar la puerta, me sentí muy débil y terminé sentándome en el piso.

Todos estaban atónitos escuchando el relato. Andrew fue el primero en reaccionar. Se levantó y tomó el teléfono.

—Voy a llamar a la policía —explicó—. Tienen que registrar la limusina. Tal vez haya suficiente evidencia para saber quién está detrás de esto.

—Excelente idea —dijo el Infoman—. Yo me quedaré aquí con Brian. Quizá ustedes dos deberían irse a dormir para estar despejados mañana. Yo estoy acostumbrado a dormir poco. Nosotros esperaremos a la policía, le contaremos lo que pasó y, con suerte, pronto estaremos descansando.

—Está bien —dijo Shirin—, te voy a tomar la palabra. Gracias a Dios que estás bien, Brian. Siento mucho que hayas pasado por esto.

—Igualmente —dijo Andrew al tiempo que se levantaba para irse—. Llámame si necesitas algo, es la 1503. Trata de descansar y te veremos mañana.

Ambos abandonaron la habitación y bajaron juntos por el elevador. Después se separaron y se desearon buenas noches, pero los dos pensaban en Brian y en el extraño y terrible día que había tenido.

❖ ❖ ❖

La mañana siguiente todo el grupo estaba en el salón de conferencias, incluyendo a un cansado y ligeramente ojeroso Brian. Todos lo saludaban y le preguntaban cómo se sentía, dándole palmaditas en la espalda y estrechándole la mano. Después el Infoman comenzó la sesión.

—Es estupendo estar de nuevo juntos. Y estamos especialmente felices de que Brian esté aquí sano y salvo. Sé de sobra que todos nos sentimos muy preocupados con lo que le pasó y por supuesto vamos a hacer todo lo posible para ayudar a la policía en la investigación de este desafortunado evento. Pero si quienquiera que sea que le causó estos sufrimientos a Brian se imaginó que podría afectar el progreso de nuestro trabajo, debería saber que no será capaz de detener el crecimiento de

XCorp. Sus malvadas acciones deberían darnos un incentivo aún mayor para proseguir con nuestro trabajo.

—Ahora ya están claras la misión y la visión del Grupo XCorp. Lo que tenemos que dilucidar es qué es lo que les permitirá dirigir esta organización a transformar esa visión en realidad. La respuesta se encuentra en la ejecución de una excelente estrategia de grupo, es decir, *qué es lo que van a hacer como Grupo, donde estará el enfoque y qué deciden no hacer.* Y una vez que hayan contestado estas preguntas habrán creado el marco para la alineación.

—Antes de que comencemos tengo una duda —dijo Shirin.

—Por supuesto, ¿de qué se trata, Shirin? —dijo el Infoman.

—Anoche durante la cena empezábamos a hablar del aspecto que debería tener una estrategia creativa. Estabas sentado en una mesa diferente. Me gustaría saber cuál es tu opinión al respecto.

—No estoy seguro de que pueda añadir algo a lo que ya ustedes han hablado —dijo el Infoman—. ¿Estaban hablando de la estrategia del Grupo o la estrategia de las empresas individuales?

—Estábamos hablando de la estrategia para que una empresa individual adquiera una ventaja competitiva.

—Bueno, mi opinión sobre ese tema es la siguiente. A mi juicio una estrategia creativa para una empresa individual es *una disposición singular de las actividades apropiadas y congruentes que son necesarias para responder a las necesidades reales de segmentos específicos del mercado.*

—Suena bien, ¿pero qué significa? —preguntó Don.

—Si eres capaz de satisfacer las necesidades del mercado con una serie singular y única de actividades apropiadas y congruentes, o bien llevar a cabo una serie de actividades congruentes similares a las de tu competidor de una manera diferente y más efectiva, eso constituye una estrategia creativa, una estrategia que te concederá una ventaja competitiva sustancial y que va a resultar difícil de copiar. Te ayudará a alcanzar una posición única y valiosa.

—No sé, no sé —comentó Don—. A mí me suena como algo excesivamente teórico.

A Don le gustaba llevarle la contraria al Infoman. Quería mostrarse asertivo con su propio punto de vista y asegurarse de que Brian notara la fortaleza de su liderazgo.

—Me encantaría seguir hablando contigo sobre este concepto —dijo el Infoman—, pero sería mejor hacerlo durante el descanso. Quizás ese no sea el mejor uso de nuestro tiempo en este momento.

El grupo se sintió un poco perplejo con el comentario, ya que anticipaban que iban a examinar ejemplos específicos de estrategias positivas. El Infoman percibió la inquietud y les dijo:

—Yo creo que debemos postergar la conversación acerca de la estrategia de las empresas individuales para más adelante, porque la reunión de hoy no es el foro adecuado para ello. La estrategia de una empresa individual debe ser formulada en el interior de cada una, con la participación de diferentes grupos de personas, recopilando información de diferentes fuentes de datos, considerando los distintos competidores y los distintos perfiles de los clientes. Aquí, teniendo presentes a los directores generales de las empresas del Grupo, así como el personal corporativo, contamos con los asistentes precisos para examinar la estrategia de grupo, que es una estrategia a un nivel más alto. Se trata de la estrategia que determinará lo que el Grupo va a hacer con las empresas o divisiones que existen ahora y con las que va a adquirir más adelante, y cómo podrá brindarles apoyo a todas. ¿Les parece que esto tiene sentido?

Brian se mostró de acuerdo.

—La estrategia de grupo que vamos a discutir hoy se refiere a la construcción de un nuevo futuro para el Grupo

más allá de lo que existe actualmente. Se refiere a la creación de nuevos procesos para el próximo año y más adelante. Tiene que ver también con los puntos en los cuales
centrar el énfasis en los procesos existentes.

Contando ya con un vistazo general del propósito de
la sesión, el Infoman explicó el planteamiento que pensaba
tomar.

—Me gustaría constatar que la estrategia de grupo posee tres elementos principales. En primer lugar, la estrategia de los negocios del Grupo para alinear los negocios,
segundo la estrategia del Grupo para atender y soportar
los negocios existentes y finalmente la estrategia del Grupo
para el cierre de brechas.

—Analicemos la estrategia de negocios del Grupo para
alinear los negocios —continuó diciendo el Infoman—. En
este punto debemos estar atentos para proporcionar a cada
empresa o división *una dirección estratégica* y *unas directrices
de sinergia*.

—¡Dirección estratégica! ¿Qué quieres decir con eso?
¿Podrías darnos ejemplos específicos? —preguntó Andrew.

—Por supuesto que sí. Ejemplos de *dirección estratégica*
podría ser crecer selectivamente en nichos rentables o bien
crecer agresivamente para aumentar la cuota de mercado, o
preparar la empresa para su salida del mercado. Direcciones
como estas le proporcionarán a cada empresa un marco de
referencia para la alineación. La empresa estará entonces en
condiciones de desarrollar sus propias estrategias comerciales
específicas que sean consistentes con su dirección estratégica.

—Espera un momento —dijo Don—. Pensé que habías
dicho que las estrategias de negocios debían ser desarrolla-
das dentro de cada empresa. ¿Por qué razón no puede cada
empresa determinar la dirección necesaria por sí misma?
Ahora estoy confundido.

Don se oponía enfáticamente a que el Grupo propor-
cionara las direcciones para la empresa que él dirigía. Sen-

tía temor de que su empresa no recibiera el tipo de atención que requería.

—Pero si lo piensas con cuidado —explicó el Infoman—, las empresas carecen de la perspectiva general que tiene el Grupo y no pueden desapegarse lo suficiente para desarrollar este tipo de *dirección estratégica* para sí mismas. Esto se debe a que naturalmente cada empresa querría crecer de la manera más rápida que sea posible, pero resulta que el crecimiento requiere inversiones y en última instancia las inversiones proceden del Grupo.

—Podría no ser lo más conveniente para la rentabilidad del Grupo en su conjunto permitir que todas las distintas empresas que lo integran crecieran al mismo ritmo —intervino Brian.

—Precisamente —prosiguió el Infoman—. Si una empresa en particular es un participante débil en un mercado que no resulta atractivo, una estrategia agresiva de crecimiento podría no ser acertada desde el punto de vista del Grupo. Es factible que desees invertir más en una empresa que en otra en un momento dado y eso basándose en criterios sólidos.

Don reflexionó acerca de lo que estaba diciendo el Infoman y no consiguió pensar en un argumento para oponerse. No obstante, seguía sintiéndose incómodo al pensar que estaba cediendo control.

—Ahora tratemos de formular *direcciones estratégicas* para las empresas que están representadas aquí hoy —propuso el Infoman.

La propuesta puso a Don de nuevo a la defensiva. Significaba un desafío para las ideas que durante un tiempo había estado considerando para presentarle a Brian.

—Para poder proporcionar dirección estratégica a las distintas empresas tendríamos que observar las fortalezas de cada empresa en comparación con sus competidores más fuertes y también analizar los atractivos que ofrece el mercado

—continuó explicando el Infoman—. Estoy enterado de que cada una de las empresas aquí representadas ha llevado a cabo ese tipo de análisis, de modo que los datos se encuentran disponibles.

El Infoman entregó a los asistentes una serie de datos y de gráficos y les pidió que revisaran un gráfico bidimensional que había preparado el departamento de Shirin y que mostraba la trayectoria de la posición de cada empresa en la tabla. El eje vertical indicaba la posición competitiva de la empresa en relación a su competidor apropiado más fuerte, mientras que el eje horizontal indicaba el relativo atractivo del mercado.

Acto seguido tuvo lugar una animada conversación a medida que los participantes observaban la cartera de negocios en la tabla. Después de un prolongado intercambio de ideas, el grupo llevó a cabo un par de ajustes que denotaban de manera más acertada la posición de la empresa en la tabla.

El gráfico mostraba que XCorp US era mucho más fuerte que su competidor más cercano y que su mercado potencial era altamente atractivo. En segundo lugar se colocaba IES, un poco más fuerte que su competidor más cercano y situada en un mercado atractivo, pero que resultaba ligeramente menos atractiva que XCorp US. TechCorp y la división de Cellular habían sido evaluadas ambas a la par con sus competidores fuertes, pero en el caso de TechCorp se encontraba en un mercado altamente atractivo mientras que Cellular se hallaba situado en un mercado medianamente atractivo. Naturalmente que aquellas empresas con posiciones altamente competitivas y un alto atractivo de mercado contarían con una luz verde para una expansión agresiva mientras que aquellas con posiciones de competitividad inferior y menor atractivo para los mercados tendrían que actuar con mayor cautela.

Los directores generales de cada una de las empresas o divisiones del grupo hicieron una presentación de las contribuciones de sus empresas hacia las ventas y beneficios totales del Grupo XCorp. Presentaron las tendencias del mercado para sus respectivas empresas así como las proyecciones para las futuras ganancias y el posible éxito sobre nuevos competidores. Después de examinar cada presentación, emergieron las siguientes *direcciones estratégicas*:

Dirección estratégica para la cartera de negocios

1. XCorp US invertirá en un crecimiento agresivo e intentará dominar el mercado.
2. IES invertirá vigorosamente para incrementar su cuota de mercado en segmentos en crecimiento (por identificar).
3. La división de negocios Cellular invertirá para crecer en segmentos selectos del mercado (por identificar).
4. TechCorp hará inversiones para alcanzar una posición de liderazgo en segmentos selectos del mercado (por identificar).

—Con estos enunciados a manera de guía —sugirió el Infoman—, cada director general puede trabajar con su equipo para desarrollar estrategias primordiales para su empresa. Esto incluiría estrategias que clarificarían las prioridades en la operación de los procesos existentes y estrategias que crearían nuevos procesos.

El Infoman continuó diciendo:

—Los términos *crecimiento agresivo, crecimiento y alcanzar una posición de liderazgo* deben compaginar con la intención de su visión de convertirse en *la compañía de comunicación preferida con presencia global.*

El Infoman le pidió a cada director general que leyera en voz alta la dirección estratégica que habían definido para su respectiva empresa.

Don se sintió aliviado al leer la dirección estratégica para IES. Estaba satisfecho con lo que había surgido después de la ronda de consultas. Pudo comprobar que la percepción que tenía el grupo de la fortaleza de IES era lo que había anticipado y ahora contaba con el acuerdo de todos los altos ejecutivos. La actitud negativa de Don hacia el Infoman comenzaba a cambiar.

—Ahora necesitamos establecer directrices de sinergia para las cuatro empresas —dijo el Infoman—. Dado que el Grupo XCorp ha invertido vigorosamente en cada una de las empresas merece beneficiarse de esas sinergias y por lo tanto exigirlo. Cada empresa debe estar posicionada para complementar a otras empresas dentro del Grupo de modo que puedan servir las necesidades de los clientes, reducir los costos, aumentar la diferenciación o incrementar la ventaja competitiva. Las empresas individuales no podrían hacer esto tan efectivamente por su propia cuenta. Una directriz de sinergia podría incluir el que dos o más empresas del Grupo unan fuerzas y compartan actividades en la cadena de valor.

Después de una animada discusión los participantes llegaron a los siguientes conceptos para su mandato de sinergia:

Directriz de sinergia

1. Integrated Electronic Systems (IES), TechCorp y Cellular desarrollarán conjuntamente prototipos de la siguiente generación de dispositivos de comunicación utilizando las tecnologías que han sido patentadas dentro del Grupo y otras tecnologías que se van a adquirir, y luego presentarán los planes para su desarrollo y distribución.

2. XCorp USA proporcionará su amplio canal de distribución mundial para ayudar a TechCorp en su agre-

siva expansión mundial y así compartirán recursos para obtener reducción en los costos y agilizar la entrega de servicios.

—Esto concluye la discusión en lo que se refiere a proporcionar direcciones estratégicas y directrices de sinergia para las empresas que son parte del Grupo XCorp —anunció el Infoman —. Es un resumen de lo que el Grupo le está pidiendo a las distintas empresas que hagan.

❖ ❖ ❖

Después de un descanso para el almuerzo el grupo continuó la conversación acerca de las dos ramas restantes del árbol de la estrategia, la *estrategia para apoyar a las empresas* y la *estrategia para el cierre de brechas.*
　—¿Podrías darnos un ejemplo de estrategia para apoyar a las empresas? —preguntó Ted.
　—Desde luego. Pensemos en procesos que necesitan todas las empresas que están representadas aquí hoy: selección de talento, promoción y colocación del personal, evaluación, compensación y desarrollo de gestión. Tales procesos podrían ser provistos por cada empresa o al nivel del grupo. Generalmente es más eficiente cuando son provistos de manera centralizada. Algunos de ellos están relacionados con la creación de una cultura de excelencia en todas las empresas del Grupo XCorp. Estos procesos son comunes a todas las empresas ya que las beneficiarán a todas y además son más eficaces en cuanto a costos cuando son proporcionados por el Grupo.
　—Para formular una estrategia de apoyo al nivel del grupo, deberían formularse dos preguntas sencillas relacionadas con cada uno de los elementos de su visión: *¿Requerimos un nuevo proceso para lograr la visión?* y *¿debería desarrollarse el nuevo proceso al nivel del grupo para beneficiar a todas*

las empresas? Si la respuesta a ambas preguntas es sí, entonces requieren una estrategia para crear el nuevo proceso.

Los participantes procedieron a revisar los elementos de la visión y decidieron que se requerían nuevos procesos a nivel del Grupo para los siguientes elementos de la Visión:

Estrategias de soporte a los negocios

Se requieren nuevos procesos en las siguientes áreas:

1. Trato excelente a los empleados.
2. Innovación.

La última rama principal del árbol de estrategia fue la del cierre de brechas. Los participantes estaban ansiosos por descubrir a qué brechas se refería el Infoman. ¿Eran las brechas con las que estaban familiarizados, relacionadas con el rendimiento en comparación con el presupuesto?

Cuando la discusión sobre la estrategia de apoyo había concluido, Shirin le preguntó al Infoman:

—¿A qué estrategia de brecha te estás refiriendo? ¿No deberían ser discutidas en las unidades de negocio?.

El Infoman respondió:

—Estoy hablando de la brecha de misión y la brecha de visión, y pertenecen tanto a nivel de grupo como a las empresas.

—¿Qué es la brecha de misión? —preguntó Ted.

—Como ejemplo, veamos tu misión: *conectar a las personas en todo el mundo, a través de una comunicación instantánea, de alta calidad y accesible.* Actualmente estás cumpliendo esta misión a través de la infraestructura de tecnología e información existente. Pero, piensa en cinco años a partir de ahora. ¿Cómo cumplirías esta misión con la tecnología y la infraestructura del futuro? Cerrar la brecha de misión requiere desarrollar nuevos modelos para cumplir tu misión en cinco años con la tecnología y la infraestructura del futuro. Esto requerirá que conozcas las tendencias en tecnología e infraestructura y las proyecciones de la demografía y los hábitos de consumo de sus clientes en el futuro.

El Infoman continuó:

—Cerrar la brecha de misión implica reflexión sobre las siguientes preguntas:

- ¿Cómo se entenderá su misión en cinco años? ¿Con qué terminología?
- ¿Quiénes serán sus clientes? ¿Cuál será la demografía y geografía?
- ¿Con qué productos o servicios cumplirán su misión en cinco años utilizando la tecnología del mañana y cómo esto difiere de lo que hacen actualmente?
- ¿Cómo se entregarán estos productos o servicios a sus clientes utilizando la infraestructura del futuro y cómo esto difiere de como los entregan actualmente?
- ¿Cómo adquirirán o desarrollarán la tecnología requerida?
- ¿Cómo adquirirán o desarrollarán la infraestructura requerida?

Los participantes estaban absortos en sus pensamientos conforme escuchaban estos comentarios. El Infoman rompió el silencio.

—La brecha de visión, sin embargo, es más fácil de pensar —dijo—. Es una brecha entre lo que sus negocios actuales pueden ofrecer hoy y lo que su visión requiere. Las siguientes preguntas pueden ayudarlos a cerrar la brecha de visión:

- ¿Cuál es el límite de tamaño que pueden alcanzar a través del crecimiento orgánico de sus negocios existentes para alcanzar su visión en cinco años?

- ¿Qué crecimiento adicional necesitarán para cerrar la brecha a través del crecimiento inorgánico?
- ¿Cómo financiarán su crecimiento orgánico para alcanzar su límite?
- ¿Cómo financiarán su crecimiento inorgánico para cerrar la brecha?

—¿Se refiere a la brecha de visión para las empresas o para el Grupo? —preguntó Andrew.

—Sus negocios tendrán sus propias declaraciones de visión que están alineadas con el Grupo. Entonces, la discusión sobre la brecha de visión se aplica a ambos —respondió el Infoman—. Para cerrar la brecha de visión —continuó— es posible que deseen considerar tanto el crecimiento orgánico como el crecimiento inorgánico. Aquí hay algunas sugerencias para el crecimiento orgánico en sus negocios:

- Mejoren su principal producto, servicio o tecnología de mercado para captar nuevos clientes, en mercados geográficos actuales o nuevos.
- Mejorar una canasta de productos o servicios para introducirlos a mercados geográficos nuevos y existentes.
- Usar las fortalezas sinérgicas entre la canasta de productos o servicios para capturar cuota de mercado.
- Modificar o desarrollar nuevos productos/servicios en segmentos de clientes existentes y posteriormente en nuevos mercados.

Las siguientes son algunas sugerencias para el crecimiento orgánico que se pueden discutir dentro de los negocios y presentar al Grupo para su aprobación:

- Adquirir o fusionarse con competidores mayores o iguales. Pueden aplicar su know-how para gestionar una organización más grande.
- Diversificar en productos o servicios nuevos, pero relacionados. Esto les ayudará a competir en los segmentos de crecimiento lento de sus negocios. También puede ayudar a aumentar las ventas de sus productos actuales dentro de sus segmentos de mercado.
- Diversificar en productos o servicios nuevos, no relacionados, que sirvan a su misión, dirigiéndose a clientes actuales con canales de distribución actuales. Con los nuevos productos de patrón de venta cíclica, sus ventas pueden aumentarse. Esto también puede aumentar los ingresos de sus productos o servicios actuales.
- Explorar la integración vertical hacia atrás: incursionar en un área que les sirva como proveedor. Considerar establecer una compañía subsidiaria o comprar un proveedor existente. Esto también les ayudará a aumentar la confiabilidad de su cadena de suministro y la calidad de las materias primas o insumos de producción.
- Explorar la integración vertical hacia delante: incursionar en un área que les sirva como cliente de sus productos o servicios. Consideren establecer instalaciones de producción, sistemas mayoristas, puntos de venta minorista o adquirir empresas. Esto también les ayudará a lograr un mayor control sobre el marketing y una coordinación más estrecha entre los canales de distribución y la manufactura para mejorar las ventas e incrementar la estabilidad en la producción.

Rick levantó la mano cuando escuchó al Infoman describir opciones para cerrar la brecha de visión.

—¿No deberían considerarse estas preguntas al nivel de las unidades de negocio en lugar del Grupo?

—Buena pregunta —dijo el Infoman—. Como mencioné, las unidades de negocio deberían estar pensando en esto y encontrar las respuestas de su propia realidad y presentarlas al Grupo para su aprobación. Al final del día, el Grupo tendrá que presentar la inversión para cerrar la brecha. Entonces, tanto las unidades de negocio como el Grupo deberían estar pensando en estas preguntas.

Siguiendo las pautas dadas por el Infoman, los participantes analizaron su visión para determinar qué elementos eran candidatos para cerrar la brecha. Decidieron que su esfuerzo por alcanzar la visión requeriría aumentar el tamaño y la cobertura del Grupo. Su tamaño tendría que ser considerablemente más grande y su distribución geográfica también más amplia. Necesitarían tanto un crecimiento orgánico dentro de sus negocios como un crecimiento inorgánico a través de adquisiciones. Ellos escribieron:

Estrategia para el cierre de brechas de visión

1. Tamaño del Grupo XCorp.
2. Cobertura del Grupo.

Estuvieron de acuerdo en que habría que desarrollar iniciativas estratégicas específicas y que las discutirían después del almuerzo, empleando una estructura similar al Árbol de la Visión.

CAPÍTULO 5

El Árbol de la Estrategia

Todos estuvieron de regreso a tiempo en la sala de conferencias para reiniciar la sesión. El Infoman comenzó diciendo:

—La alineación con las estrategias que ustedes han definido requiere un marco similar al del Árbol de la Visión. Vamos a llamarlo el Árbol de la Estrategia. Ahora comenzaremos a construir este árbol basados en el trabajo que hicimos esta mañana y continuaremos añadiéndole estrategias específicas así como iniciativas clave.

Le pidió a Tom que proyectara en la pantalla una imagen que mostraba la misión y la visión del Grupo así como los tres elementos de la Estrategia del Grupo (véase Gráfico 4 en la página siguiente).

—¿Podría alguien recordarnos lo que hemos discutido en relación a la estrategia del Grupo para alinear las empresas? —preguntó el Infoman.

Don contestó:

—Desarrollar direcciones estratégicas bastante buenas para la cartera de empresas del Grupo. Para varios no fue una experiencia placentera, pero todos pudimos ver la lógica que las sustentaba.

—Es cierto —dijo el Infoman.

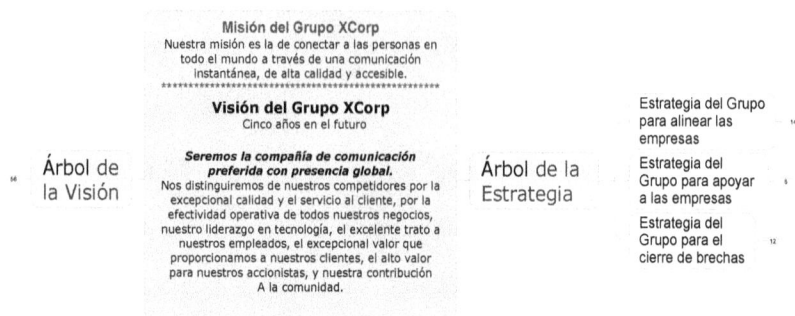

Misión del Grupo XCorp Nuestra misión es la de conectar a las personas en todo el mundo a través de una comunicación instantánea, de alta calidad y accesible.	
Visión del Grupo XCorp Cinco años en el futuro	Estrategia del Grupo para alinear las empresas
Árbol de la Visión *Seremos la compañía de comunicación preferida con presencia global.* Nos distinguiremos de nuestros competidores por la excepcional calidad y el servicio al cliente, por la efectividad operativa de todos nuestros negocios, nuestro liderazgo en tecnología, el excelente trato a nuestros empleados, el excepcional valor que proporcionamos a nuestros clientes, el alto valor para nuestros accionistas, y nuestra contribución A la comunidad.	**Árbol de la Estrategia** Estrategia del Grupo para apoyar a las empresas / Estrategia del Grupo para el cierre de brechas

Gráfico 4

Tom proyectó una imagen en la pantalla que mostraba las direcciones estratégicas (véase Gráfico 5).

El Infoman se dirigió a los cuatro directores generales de empresa presentes en el recinto y les dijo:

—Ahora cuentan con la luz verde para proceder a desarrollar sus principales estrategias creativas alineadas con estas directrices. Estoy seguro de que tendrán unas sesiones muy productivas con sus colaboradores para lograr esto. Una vez que las tengan listas, por favor las vinculan a este árbol.

—Después desarrollamos las directrices de sinergia —dijo el Infoman—. Vamos a colgarlas en el árbol.

—De acuerdo —dijo Tom, proyectando también en la pantalla las directrices de sinergia (véase Gráfico 6).

Brian se alegraba muchísimo de que su equipo estuviese aceptando el concepto de sinergia, algo que había sido parte de su visión desde que adquirió TechCorp. Contando con estas directrices de sinergia se exigiría a cada empresa que trabajara en conjunto y que agregara un valor mayor del que cada una de ellas podría agregar actuando individualmente.

Gráfico 5

Árbol de la Visión

Misión del Grupo XCorp

Nuestra misión es la de conectar a las personas en todo el mundo a través de una comunicación instantánea, de alta calidad y accesible.

Visión del Grupo XCorp

Cinco años en el futuro

Seremos la compañía de comunicación preferida con presencia global.

Nos distinguiremos de nuestros competidores por la excepcional calidad y el servicio al cliente, por la efectividad operativa de todos nuestros negocios, nuestro liderazgo en tecnología, el excelente trato a nuestros empleados, el excepcional valor que proporcionamos a nuestros clientes, el alto valor para nuestros accionistas, y nuestra contribución A la comunidad.

Árbol de la Estrategia

Estrategia del Grupo para alinear las empresas

Dirección estratégica para la cartera de empresas

Estrategia del Grupo para apoyar a las empresas

Directriz de sinergia

Estrategia del Grupo para el cierre de brechas

XCorp US invertirá en un crecimiento agresivo e intentará dominar el mercado.

Estrategias de Unidad de Negocios a desarrollar

IES invertirá vigorosamente para incrementar su cuota de mercado en segmentos en crecimiento (por identificar).

Estrategias de Unidad de Negocios a desarrollar

La división de negocios Cellular invertirá para crecer en segmentos selectos del mercado (por identificar).

Estrategias de Unidad de Negocios a desarrollar

TechCorp hará inversiones para alcanzar una posición de liderazgo en segmentos selectos del mercado (por identificar).

Estrategias de Unidad de Negocios a desarrollar

Árbol de la Visión

Misión del Grupo XCorp

Nuestra misión es la de conectar a las personas en todo el mundo a través de una comunicación instantánea, de alta calidad y accesible.

Visión del Grupo XCorp

Cinco años en el futuro

Seremos la compañía de comunicación preferida con presencia global.

Nos distinguiremos de nuestros competidores por la excepcional calidad y el servicio al cliente, por la efectividad operativa de todos nuestros negocios, nuestro liderazgo en tecnología, el excelente trato a nuestros empleados, el excepcional valor que proporcionamos a nuestros clientes, el alto valor para nuestros accionistas, y nuestra contribución a la comunidad.

Árbol de la Estrategia

Estrategia del Grupo para alinear las empresas

Dirección estratégica para la cartera de empresas

XCorp US invertirá en un crecimiento agresivo e intentará dominar el mercado. → Estrategias de Unidad de Negocios a desarrollar

IES invertirá vigorosamente para incrementar su cuota de mercado en segmentos en crecimiento (por identificar). → Estrategias de Unidad de Negocios a desarrollar

La división de negocios Cellular invertirá para crecer en segmentos selectos del mercado (por identificar). → Estrategias de Unidad de Negocios a desarrollar

TechCorp hará inversiones para alcanzar una posición de liderazgo en segmentos selectos del mercado (por identificar). → Estrategias de Unidad de Negocios a desarrollar

Directriz de sinergia

Integrated Electronic Systems (IES), TechCorp y Cellular desarrollaran conjuntamente prototipos de la siguiente generación de dispositivos de comunicación utilizando las tecnologías que han sido patentadas dentro del Grupo y otras tecnologías que se van a adquirir, y luego presentarán los planes para su desarrollo y distribución. → Estrategias de sinergia a desarrollar

XCorp USA proporcionará su amplio canal de distribución mundial para ayudar a TechCorp en su agresiva expansión mundial y así compartirán recursos para obtener reducción en los costos y agilizar la entrega de servicios. → Estrategias de sinergia a desarrollar

Estrategia del Grupo para apoyar a las empresas

Estrategia del Grupo para el cierre de brechas

Gráfico 6

Árbol de la Visión

Misión del Grupo XCorp
Nuestra misión es la de conectar a las personas en todo el mundo a través de una comunicación instantánea, de alta calidad y accesible.

Visión del Grupo XCorp
Cinco años en el futuro

Seremos la compañía de comunicación preferida con presencia global.
Nos distinguiremos de nuestros competidores por la excepcional calidad y el servicio al cliente, por la efectividad operativa de todos nuestros negocios, nuestro liderazgo en tecnología, el excelente trato a nuestros empleados, el exceptional valor que proporcionamos a nuestros clientes, el alto valor para nuestros accionistas, y nuestra contribución a la comunidad.

Árbol de la Estrategia

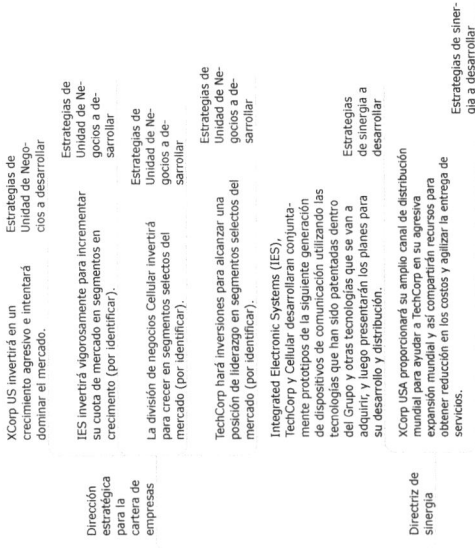

Estrategia del Grupo para alinear las empresas

Dirección estratégica para la cartera de empresas

- XCorp US invertirá en un crecimiento agresivo e intentará dominar el mercado. → Estrategias de Unidad de Negocios a desarrollar
- IES invertirá vigorosamente para incrementar su cuota de mercado en segmentos en crecimiento (por identificar). → Estrategias de Unidad de Negocios a desarrollar
- La división de negocios Cellular invertirá para crecer en segmentos selectos del mercado (por identificar). → Estrategias de Unidad de Negocios a desarrollar
- TechCorp hará inversiones para alcanzar una posición de liderazgo en segmentos selectos del mercado (por identificar). → Estrategias de Unidad de Negocios a desarrollar

Estrategia del Grupo para apoyar a las empresas

Directriz de sinergia

- Integrated Electronic Systems (IES). TechCorp y Cellular desarrollarán conjuntamente prototipos de la siguiente generación de dispositivos de comunicación utilizando las tecnologías que han sido patentadas dentro del Grupo y otras tecnologías que se van a adquirir, y luego presentarán los planes para su desarrollo y distribución. → Estrategias de sinergia a desarrollar
- XCorp USA proporcionará su amplio canal de distribución mundial para ayudar a TechCorp en su agresiva expansión mundial y así compartirán recursos para obtener reducción en los costos y agilizar la entrega de servicios. → Estrategias de sinergia a desarrollar

Excelente trato a empleados

Innovación

Estrategia del Grupo para el cierre de brechas

Brechas de Misión

Brechas de Visión

Gráfico 7

—Ahora examinemos los últimos dos elementos del árbol de estrategia, la estrategia del Grupo para apoyar a las empresas y la estrategia del Grupo para el cierre de brechas. Pongamos las ramas de esos elementos en el árbol (véase Gráfico 7).

Para las estrategias de apoyo a las empresas, colocaron los dos temas de Excelente trato a empleados e Innovación —ambos requerían procesos efectivos que no tenían—. Luego procedieron a la rama final, Cierre de brechas.

—Las ramas para esta última categoría son Brechas de Misión y Brechas de Visión —dijo el Infoman—. Recuerden que la brecha de misión se trata de cómo cumplirías tu misión dentro de cinco años con la tecnología y la infraestructura del mañana. Será necesario asignar un equipo para investigar tecnologías emergentes relevantes y preparar recomendaciones para su consideración. La definición de una estrategia para esta rama se puede posponer hasta que se haya realizado un análisis sólido y se haya recibido el informe de este equipo. Sin embargo, para la brecha de visión, tendrán dos ramas, Tamaño de Grupo y Cobertura del Grupo. Ahora vamos a expandir uno de ellos. Tamaño del Grupo XCorp, e identifiquemos estrategias en esa rama.

—Tengo una pregunta —dijo Don—. ¿El tamaño del grupo no debería pertenecer a la rama Estrategia del Grupo para apoyar a las empresas en lugar de Brechas de Visión?

—No lo creo —dijo el Infoman—. Deben analizar el potencial de crecimiento existente dentro de las cuatro empresas para ver si el crecimiento natural será suficiente para alcanzar la visión del Grupo XCorp o si se requieren adquisiciones. No es una estrategia que apoye los negocios existentes.

Tom exhibió el Árbol de la Estrategia para mostrar las ramas relativas al tamaño del Grupo XCorp (véase Gráfico 8).

Árbol de la Visión

Misión del Grupo XCorp

Nuestra misión es la de conectar a las personas en todo el mundo a través de una comunicación instantánea, de alta calidad y accesible.

Visión del Grupo XCorp

Cinco años en el futuro

Seremos la compañía de comunicación preferida con presencia global.

Nos distinguiremos de nuestros competidores por la excepcional calidad y el servicio al cliente, por la efectividad operativa de todos nuestros negocios, nuestro liderazgo en tecnología, el excelente trato a nuestros empleados, el excepcional valor que proporcionamos a nuestros clientes, el alto valor para nuestros accionistas, y nuestra contribución a la comunidad.

Árbol de la Estrategia

Estrategia del Grupo para alinear las empresas

Dirección estratégica para la cartera de empresas

- XCorp US invertirá en un crecimiento agresivo e intentará dominar el mercado. — Estrategias de Unidad de Negocios a desarrollar

- IES invertirá vigorosamente para incrementar su cuota de mercado en segmentos en crecimiento (por identificar). — Estrategias de Unidad de Negocios a desarrollar

- La división de negocios Cellular invertirá para crecer en segmentos selectos del mercado (por identificar). — Estrategias de Unidad de Negocios a desarrollar

- TechCorp hará inversiones para alcanzar una posición de liderazgo en segmentos selectos del mercado (por identificar). — Estrategias de Unidad de Negocios a desarrollar

- Integrated Electronic Systems (IES), TechCorp y Cellular desarrollarán conjuntamente prototipos de la siguiente generación de dispositivos de comunicación utilizando las tecnologías que han sido patentadas dentro del Grupo y otras tecnologías que se van a adquirir, y luego presentarán los planes para su desarrollo y distribución. — Estrategias de sinergia a desarrollar

- XCorp USA proporcionará su amplio canal de distribución mundial para ayudar a TechCorp en su agresiva expansión mundial y así compartirán recursos para obtener reducción en los costos y agilizar la entrega de servicios. — Estrategias de sinergia a desarrollar

Estrategia del Grupo para apoyar a las empresas

Directriz de sinergia

Excelente trato a empleados ?

Innovación ?

Estrategia del Grupo para el cierre de brechas

Brechas de Misión

Brechas de Visión

- Establecer criterios para determinar el tamaño, proponer una estrategia para aumentar el tamaño y coordinar con las unidades de negocios para su implementación — Tamaño del Grupo XCorp

- Estrategia del Grupo para crecimiento natural
- Estrategia del Grupo para adquisiciones — ?

Cobertura del Grupo ?

Gráfico 8

—¿Cómo procederían ustedes para diseñar una estrategia para el crecimiento natural? —preguntó el Infoman.

Brian respondió de inmediato:

—Bueno, cada uno de los directores generales de empresa aquí presentes debería determinar el potencial de crecimiento natural para su empresa. No espero que me den una respuesta hoy mismo, ya que sé que es algo que requiere análisis.

Los directores generales estuvieron de acuerdo con Brian. El Infoman sugirió que una vez que llegaran los reportes de los directores generales de los negocios, el Grupo tendría que *identificar oportunidades para acelerar el crecimiento natural dentro de las empresas y apoyar a las empresas para que los exploraran.*

Los participantes consultaron entre sí y decidieron agregar e implementar el concepto *desarrollar un plan para maximizar sinergias con el fin de aumentar ventas,* como complemento al mandato de sinergia que ya habían acordado. Para el renglón de crecimiento por medio de adquisiciones, seleccionaron dos iniciativas: *ejecutar las adquisiciones planificadas existentes en colaboración con los líderes financieros y empresariales; y establecer los criterios de adquisición, desarrollar el plan e implementar el plan, después de obtener aprobación del Grupo XCorp.*

Tom Jergens introdujo las iniciativas en el Árbol de la Estrategia y lo proyectó en la pantalla (véase Gráfico 9).

A continuación los participantes se dividieron en grupos y procedieron a identificar iniciativas específicas a nivel del Grupo para las restantes ramas del Árbol de la Estrategia. Cuando terminaron su labor, cada grupo presentó sus conclusiones. El árbol final que resultó de los aportes de todos tenía el aspecto que se presenta en el Gráfico 10.

—Este árbol no está completo porque faltan algunas ramas —dijo el Infoman—. Para poder completarlo, es necesario que un equipo de personas (el equipo de estrategia) trabaje para identificar y añadir las ramas faltantes.

Gráfico 9

Árbol de la Visión

Misión del Grupo XCorp

Nuestra misión es la de conectar a las personas en todo el mundo a través de una comunicación instantánea, de alta calidad y accesible.

Visión del Grupo XCorp
Cinco años en el futuro

Seremos la compañía de comunicación preferida con presencia global.
Nos distinguiremos de nuestros competidores por la excepcional calidad y el servicio al cliente, por la efectividad operativa de todos nuestros negocios, nuestro liderazgo en tecnología, el excelente trato a nuestros empleados, el excepcional valor que proporcionamos a nuestros clientes, el alto valor para nuestros accionistas, y nuestra contribución A la comunidad.

Árbol de la Estrategia

Estrategia del Grupo para alinear las empresas

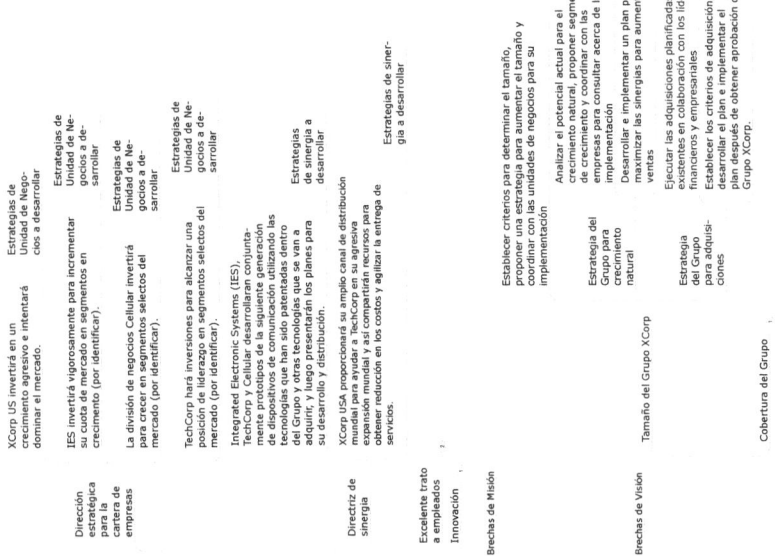

— Dirección estratégica para la cartera de empresas

- XCorp US invertirá en un crecimiento agresivo e intentará dominar el mercado. → Estrategias de Unidad de Negocios a desarrollar
- IES invertirá vigorosamente para incrementar su cuota de mercado en segmentos en crecimiento (por identificar). → Estrategias de Unidad de Negocios a desarrollar
- La división de negocios Cellular invertirá para crecer en segmentos selectos del mercado (por identificar). → Estrategias de Unidad de Negocios a desarrollar
- TechCorp hará inversiones para alcanzar una posición de liderazgo en segmentos selectos del mercado (por identificar). → Estrategias de Unidad de Negocios a desarrollar

Estrategia del Grupo para apoyar a las empresas

— Directriz de sinergia

- Integrated Electronic Systems (IES). TechCorp y Cellular desarrollaron conjuntamente prototipos de la siguiente generación de dispositivos de comunicación utilizando las tecnologías que han sido patentadas dentro del Grupo y otras tecnologías que se van a adquirir, y luego presentarán los planes para su desarrollo y distribución. → Estrategias de sinergia a desarrollar
- XCorp USA proporcionará su amplio canal de distribución mundial para ayudar a TechCorp en su agresiva expansión mundial y así compartirán recursos para obtener reducción en los costos y agilizar la entrega de servicios. → Estrategias de sinergia a desarrollar

— Excelente trato a empleados

— Innovación

— Brechas de Misión

Estrategia del Grupo para el cierre de brechas

— Brechas de Visión

- Tamaño del Grupo XCorp

Estrategia del Grupo para crecimiento natural
- Establecer criterios para determinar el tamaño, proponer una estrategia para aumentar el tamaño y coordinar con las unidades de negocios para su implementación
- Analizar el potencial actual para el crecimiento natural, proponer segmentos de crecimiento y coordinar con las empresas para consultar acerca de la implementación
- Desarrollar e implementar un plan para maximizar las sinergias para aumentar las ventas

Estrategia del Grupo para adquisiciones
- Ejecutar las adquisiciones planificadas existentes en colaboración con los líderes financieros y empresariales
- Establecer los criterios de adquisición, desarrollar el plan e implementar el plan después de obtener aprobación del Grupo XCorp.

— Cobertura del Grupo

Árbol de la Visión

Misión del Grupo XCorp

Nuestra misión es la de conectar a las personas en todo el mundo a través de una comunicación instantánea, de alta calidad y accesible.

Visión del Grupo XCorp
Cinco años en el futuro

Seremos la compañía de comunicación preferida con presencia global.
Nos distinguiremos de nuestros competidores por la excepcional calidad y el servicio al cliente, por la efectividad operativa de todos nuestros negocios, nuestro liderazgo en tecnología, el excelente trato a nuestros empleados, el excepcional valor que proporcionamos a nuestros clientes, el alto valor para nuestros accionistas, y nuestra contribución A la comunidad.

Árbol de la Estrategia

Estrategia del Grupo para alinear las empresas

- Dirección estratégica para la cartera de empresas

  - XCorp US invertirá en un crecimiento agresivo e intentará dominar el mercado. — *Estrategias de Unidad de Negocios a desarrollar*

  - IES invertirá vigorosamente para incrementar su cuota de mercado en segmentos en crecimiento (por identificar). — *Estrategias de Unidad de Negocios a desarrollar*

  - La división de negocios Cellular invertirá para crecer en segmentos selectos del mercado (por identificar). — *Estrategias de Unidad de Negocios a desarrollar*

  - TechCorp hará inversiones para alcanzar una posición de liderazgo en segmentos selectos del mercado (por identificar).

Estrategia del Grupo para apoyar a las empresas

- Directriz de sinergia

  - Integrated Electronic Systems (IES), TechCorp y Cellular desarrollaran conjuntamente prototipos de la siguiente generación de dispositivos de comunicación utilizando las tecnologías que han sido patentadas dentro del Grupo y otras tecnologías que se van a adquirir, y luego presentarán los planes para su desarrollo y distribución. — *Estrategias de sinergia a desarrollar*

  - XCorp USA proporcionará su amplio canal de distribución mundial para ayudar a TechCorp en su agresiva expansión mundial y así compartirán recursos para obtener reducción en los costos y agilizar la entrega de servicios. — *Estrategias de sinergia a desarrollar*

- Excelente trato a empleados
- Innovación
- Brechas de Misión

Estrategia del Grupo para el cierre de brechas

- Brechas de Visión

  - Tamaño del Grupo XCorp
    - Estrategia del Grupo crecimiento natural — Establecer criterios para determinar el tamaño, proponer una estrategia para aumentar el tamaño y coordinar con las unidades de negocios para implementación; Analizar el potencial actual para el crecimiento natural, proponer segmentos de crecimiento natural y coordinar con las empresas para consultar acerca de la implementación; Desarrollar e implementar un plan para maximizar las sinergias para aumentar las ventas
    - Estrategia del Grupo para adquisiciones — Ejecutar las adquisiciones planificadas existentes en colaboración con los líderes financieros y empresariales; Establecer los criterios de adquisición, desarrollar el plan e implementar el plan después de obtener aprobación del Grupo XCorp.

  - Cobertura del Grupo — Desarrollar e implementar un plan para maximizar la cobertura en todo el mundo

Gráfico 10

—¿De qué ramas nos estás hablando? —preguntó Shirin.

—De las ramas que deben ser vinculadas a la *dirección estratégica*. Van a constituir las estrategias primordiales para las empresas individuales junto con las iniciativas requeridas para su implementación, que los cuatro directores generales van a desarrollar al interior de sus empresas y a presentar al equipo de estrategia.

El Infoman continuó diciendo:

—Me dará mucho gusto reunirme con ese equipo después de esta reunión y trabajar con ellos en la tarea de identificar las ramas faltantes en el Árbol de la Estrategia para su aprobación final por este grupo.

Brian decidió designar a Don Turner y a otros dos participantes para integrar el equipo de estrategia y le pidió al Infoman que coordinara con Don la ayuda que les iba a prestar. Se daba cuenta de que la actitud de Don se había ido haciendo mucho más positiva en el transcurso de la experiencia de alineación.

Brian se puso de pie y se dirigió al grupo.

—Quiero agradecerles a todos por haber participado de una manera tan significativa en este importante ejercicio. Y quiero agradecer al Infoman, que una vez más ha aportado a nuestro trabajo ideas innovadoras y anticipadas. Desde mi punto de vista uno de los beneficios colaterales que se ha producido durante este proceso ha sido una mayor unidad de visión entre los participantes. Esperamos verlos de nuevo en la próxima reunión, en la cual vamos a proceder con la siguiente etapa de este proceso.

❖ ❖ ❖

Andrew y Shirin decidieron irse juntos. Subieron al auto de Andrew y salieron del estacionamiento.

—Excelente reunión, ¿no te parece? —dijo Shirin con entusiasmo.

—¡Vaya que sí! Creo que logramos muchísimo.

—Lo único malo fue lo que le sucedió a Brian. Fue muy extraño.

—¿Tienes alguna idea sobre eso? —preguntó Shirin.

—Bueno, sobre eso quería hablarte. En realidad sí tengo una idea, una idea muy inquietante, y quería compartirla contigo, si no te importa.

—Sí, claro. Me interesa mucho.

—¿Conociste a mi anterior jefe? —preguntó Andrew.

—¿Peter? No, no lo conocí bien, solo de vista. Después de la fusión, no se dejó ver mucho como para que alguien pudiera conocerlo, ¿cierto? Fue una pena, parecía que habría tenido mucho que ofrecerle a la empresa ¿Qué sucedió? ¿Por qué se fue tan repentinamente?

—Es una larga historia y tiene algo que ver con su relación con Brian. Peter ha cambiado tanto en los últimos meses, que apenas lo reconozco —respondió Andrew pensativamente.

—¿En qué sentido?

—En un mal sentido. Ya sabes, a veces las cosas en la vida no pasan como uno quisiera y a veces uno permite que eso se convierta en una razón para hacerse irascible, rencoroso y hasta vengativo. Bueno, pues me temo que eso es lo que le está sucediendo a Peter. Está tan obsesionado con la adquisición de TechCorp por parte del Grupo que creo... bueno, me preocupa que esté perdiendo la cordura.

—¿Quieres decir que se esté volviendo loco? —preguntó Shirin.

—No exactamente —respondió Andrew—. Todavía no he organizado bien mis ideas, pero aquí entre nos, me temo que él es el responsable de lo que le sucedió a Brian.

—¿Qué? ¿Estás bromeando?

Shirin no podía creer lo que estaba escuchando.

—No. Lo digo en serio. Revisemos los hechos. Quienquiera que haya organizado este rapto o lo que haya sido conocía a Brian, sabía dónde trabaja, sabía que iba a contratar la limusina e incluso el hotel donde se iba a llevar a cabo el retiro de trabajo. Alguien le tenía resentimiento, quería darle una lección o asustarlo, pero sin lastimarlo físicamente. Ahora bien, muy pocas personas encajan en esa descripción, ¿no crees?

—Entiendo lo que quieres decir —asintió Shirin con aire pensativo—. Me mantengo en contacto con Peter, no lo veo a menudo, solo en ocasiones, pero te aseguro que está perdiendo el control. Realmente odia a Brian.

—Bueno, ¿qué vas a hacer? —preguntó Shirin—. ¿Debemos informar sobre esto?

—No. No me sentiría bien haciéndolo. Creo que lo mejor es esperar, vigilar y confiar en que no suceda algo más grave.

—Supongo que tienes razón —dijo Shirin—. No sé qué sugerir. Déjame meditar sobre esto y ver si hay alguna manera de encararlo.

—Lamento si eché a perder nuestro trayecto juntos con este tema —dijo Andrew disculpándose—, pero realmente necesitaba compartir mis temores con alguien, y sentí que tú eras la persona indicada. Gracias por escucharme.

Shirin se bajó del auto en frente a su edificio.

—Andrew, en cualquier momento que quieras hablar conmigo, no dudes en llamarme.

Agitó la mano y empezó a subir las escaleras.

CAPÍTULO 6

El Mapa de Alineación

Brian se encontraba distraído mientras entraba a la sala de conferencias de XCorp para una reunión con su equipo. No había sido el mismo desde el rapto el mes anterior. La policía no había encontrado pistas sobre la identidad de sus captores. Estaba muy desconcertado. De alguna manera se sentía en riesgo, vulnerable, como si estuviera fuera de control. Se preguntaba si debía contratar personal de seguridad. Había escuchado de ejecutivos de otros países que viajaban en vehículos blindados, con guardaespaldas, pero ¿aquí, en los Estados Unidos? Parecía absurdo. Con suerte, todo se resolvería pronto.

La puerta se abrió y entraron Shirin y Andrew. Estaban mirando hacia atrás y riendo por algo que acababa de decir Don. Cuando ya todos estaban en la sala, llegó el Infoman. La sala de reuniones estaba repleta. Varios ejecutivos claves que le reportaban al equipo de Brian habían sido invitados. Una vez que lo presentaron, el Infoman comenzó a hablarle al grupo.

—A estas alturas ya todos están familiarizados con el Árbol de la Visión y el Árbol de la Estrategia —dijo—. Ambos árboles están alineados con la visión del Grupo XCorp. Ahora estamos listos para juntarlos. Cuando los observamos lado a lado, tenemos una imagen muy completa de lo que se requiere para transformar la visión en realidad. A la integración de estos dos árboles yo le doy el nombre de *Mapa de Alineación*. En este mapa reside el secreto de la alineación dentro de la organización. A pesar de que aún no se ha completado el trabajo en este mapa, podemos mostrarles el progreso que hemos logrado hasta la fecha.

Le hizo una señal a Tom, quien estaba al mando de las computadoras, de que proyectara el mapa en la pantalla (véase Gráfico 11).

—Este mapa sirve como un marco de referencia para la alineación. Para saber si verdaderamente están contribuyendo al éxito de la organización, deberían observar este mapa y constatar de qué manera lo están impactando. De no contar con el mapa, la alineación es difícil o incluso imposible.

Brian le pidió a Tom que ampliara la imagen de tal manera que todos pudiesen ver bien el mapa. Los participantes observaron el lado izquierdo y el lado derecho de la imagen y reconocieron los dos árboles que anteriormente habían construido.

El Infoman continuó diciendo:

—Pueden ver que la misión y la visión en el centro de este mapa iluminan el lado izquierdo y el lado derecho.

Le pidió a Wade que leyera en voz alta la misión y la visión, de modo que todos los presentes pudiesen refrescar la imagen de lo que estaban tratando de alcanzar.

Mientras Wade leía la visión, Brian sintió un estremecimiento de emoción al comprobar que las esperanzas que tenía para el Grupo XCorp estaban ilustradas de manera tan acertada. En ese momento sintió que las probabilidades de alcanzar su visión eran excelentes.

—Para hacer un simple resumen —dijo el Infoman— los indicadores que ustedes han definido en el lado izquierdo de este mapa incluyen *mediciones de comportamiento y resultados de los procesos* necesarios para transformar la visión en realidad. Algunos de estos procesos ya han sido

Gráfico 11

Árbol de la Visión

Misión del Grupo XCorp

Nuestra misión es la de conectar a las personas en todo el mundo a través de una comunicación instantánea, de alta calidad y accesible.

Visión del Grupo XCorp

Cinco años en el futuro

Seremos la compañía de comunicación preferida con presencia global.

Nos distinguiremos de nuestros competidores por la excepcional calidad de nuestros productos, nuestro liderazgo en tecnología, el excelente trato a nuestros empleados, el excepcional valor que proporcionaremos a nuestros clientes, el alto valor para nuestros accionistas, y nuestra contribución a la comunidad.

Compañía preferida con presencia global

- Top of mind
- Imagen
  - Participación de mercado en países G8
- Presencia de mercado
  - Participación de mercado en el resto del mundo
- Cobertura grupal
  - # de países cubiertos por el Grupo
  - % de países en la posición n.° 1
- Tamaño del grupo XCorp
  - $ Ventas totales
  - Crecimiento de ventas

Participación de mercado del producto líder
Participación de mercado de productos estratégicos
Participación de mercado del producto líder
Participación de mercado de productos estratégicos
de países cubiertos por el Grupo

Valor excepcional para clientes

- Valor
  - % de crecimiento en ventas repetidas
  - Índice de retención de clientes
- Calidad excepcional
  - Índice de satisfacción del cliente
- Servicios al cliente excepcional
  - Índice de satisfacción del servicio al cliente
- % Cumplimiento de benchmarks
- % Cumplimiento de benchmarks
- % Cumplimiento de benchmarks

Efectividad Operativa

- Ventas
- Producción
- Distribución
- Posventa
- Innovación de producto

Liderazgo en Tecnología

- Innovación
- Time to market
- Investigación y desarrollo
- Tecnología
  - # de nuevos productos desde el diseño hasta el mercado
  - # de marcas desde el diseño hasta el mercado
  - I & D como % de ventas
  - % de ventas de tecnología de vanguardia
  - # de candidatos calificados para nuestras vacantes dentro del Grupo

Excelente trato de los empleados

- % de reducción en relación no deseada en el Grupo

Alto valor para los Accionistas

- Valor Económico Agregado (EVA)
- Valor de Mercado Agregado (MVA)
- Ganancias por acción (EPS)
- EBITDA

Contribución a la comunidad

- Puntaje de Responsabilidad Social Corporativa (CSR) del Grupo
- Contribución a zakats valiosas como % del Grupo
- Residuos reciclados como % del total de residuos

Árbol de la Estrategia

Estrategia del Grupo para alinear las empresas

- Dirección estratégica para la cartera de empresas
  - XCorp US invertirá en un crecimiento agresivo e intentará dominar el mercado.
  - IES invertirá vigorosamente para incrementar su cuota de mercado en segmentos en crecimiento (por identificar).
  - La división de negocios Cellular invertirá para crear en segmentos selectos del mercado (por identificar).
  - TechCorp hará inversiones para alcanzar una posición de liderazgo en segmentos selectos del mercado (por identificar).
- Integrated Electronic Systems (IES), TechCorp y Cellular desarrollarán conjuntamente prototipos de la siguiente generación de dispositivos de comunicación utilizando las tecnologías que han sido patentadas dentro del Grupo y otras tecnologías que se van a adquirir, y luego presentarán los planes para su desarrollo y distribución.
- Directora de sinergia
  - XCorp USA proporcionará su amplio canal de distribución mundial para ayudar a TechCorp en la agresiva expansión internacional para obtener reducción en los costos y agilizar la entrega de servicios.

Estrategia del Grupo para apoyar a las empresas

- Excelente trato a empleados
- Brechas de flujos
- Innovación

Estrategia del Grupo para el cierre de brechas

- Estrategia del Grupo para crecimiento natural
  - Establecer criterios para determinar el tamaño, proponer una estrategia para aumentar el tamaño y coordinar con las unidades de negocios para su implementación.
  - Analizar el potencial actual para el crecimiento natural, proponer segmentos de crecimiento y coordinar con las empresas para consultar acerca de la implementación.
  - Desarrollar e implementar un plan para maximizar las sinergias para aumentar las ventas.
- Estrategia del Grupo para adquisiciones
  - Ejecutar las adquisiciones planificadas existentes en colaboración con los líderes financieros y empresariales.
  - Establecer los criterios de adquisición, desarrollar el plan e implementar el plan después de obtener aprobación del Grupo XCorp.
- Tamaño del Grupo XCorp
- Brechas de Visión
- Cobertura del Grupo
  - Desarrollar e implementar un plan para maximizar la cobertura en todo el mundo.

Estrategias de Unidad de Negocios a desarrollar

- Estrategias de Unidad de Negocios a desarrollar
- Estrategias de Unidad de Negocios a desarrollar
- Estrategias de sinergia a desarrollar
- Estrategias de sinergia a desarrollar

implementados y otros tendrán que ser desarrollados más adelante por medio de iniciativas estratégicas que ustedes han definido en el lado derecho de este mapa. Para asegurar una excelente implantación de estas iniciativas, el progreso debería ser medido durante su ejecución por medio de indicadores específicos. Por lo tanto, podemos visualizar la sección derecha de este mapa como una serie de *indicadores de iniciativa* importantes.

—Cuando hablas de iniciativas, ¿te refieres a proyectos? —preguntó Shirin.

—Así es, pero los llamo iniciativas en lugar de proyectos para distinguirlos de los proyectos operativos que tal vez ustedes ya estén implementando. Las iniciativas estratégicas son también proyectos, pero a un nivel más elevado.

—De acuerdo, pero cuando mencionas indicadores de iniciativas ¿a qué te refieres? ¿Estás midiendo las iniciativas? Y si ese es el caso, ¿cómo? —preguntó Wade.

—En efecto me refiero a la medición del progreso de las iniciativas y eso se hace utilizando para su evaluación una cesta de criterios ponderables.

—¿Quién hace la evaluación? —preguntó Brian.

—Los clientes de la iniciativa hacen la evaluación.

—¿Pero no es la verdadera medida del progreso de una iniciativa su resultado final? —preguntó Ted Finley—. ¿Por qué se necesita una cesta de criterios?

—Lo que nosotros hemos aprendido es que sí se necesita una cesta de criterios —respondió el Infoman—. La evaluación de un proyecto solamente después de que se complete puede resultar problemática. ¿Qué ocurre si el proyecto no es exitoso? En ese caso la evaluación llegará demasiado tarde para que se puedan hacer ajustes durante la implementación. Pensemos en los recursos desperdiciados.

—Ya entiendo —dijo Ted—. ¿Y qué tal evaluar la iniciativa con un solo indicador que sea el tanto por ciento en que el proyecto haya sido completado?

—Eso es mejor, pero no es suficiente. Se puede dar el caso de un proyecto que se complete en un cien por ciento, pero con mala calidad o con insatisfacción de los clientes. Y como todos sabemos, algunas veces los proyectos tienden a quedarse "un 90% completos" durante largo tiempo.

—Hemos visto muchas empresas con buenas estrategias que no las ejecutan bien —prosiguió explicando el Infoman—. Empresas que incurren en pérdidas enormes por recursos desperdiciados y pérdidas aún mayores en oportunidades desaprovechadas. De modo que la implementación es realmente importante. Aquí en el Grupo XCorp lo que se debe buscar son iniciativas que tengan una implementación sobresaliente. Esto significa satisfacer los criterios de excelencia en tres etapas del proyecto, *antes, durante y después*. Las iniciativas exitosas satisfacen los criterios para todas las tres etapas.

Antes de la implementación	Durante la implementación	Después de la implementación
Buen plan del proyecto	Cronograma actualizado	Beneficios
Objetivos claros	Calidad del trabajo	Calidad del resultado
Participación del cliente	Participación del cliente	Satisfacción del cliente
Fondos asignados	Cumplir a tiempo los hitos	Entrega a tiempo
Recursos asignados	Cumplir el presupuesto	Entrega dentro del presupuesto
Una persona comprometida a cargo	Buena administración del proyecto	Servicio posentrega

Gráfico 12

—El *indicador de la iniciativa* del cual estoy hablando mide el éxito de la iniciativa durante la implementación. La cesta de criterios de la que hablaba está compuesta por la lista en la segunda columna.

Después de haber escuchado la breve explicación de la medición de iniciativas, Brian regresó a la discusión sobre el Mapa de Alineación que el Infoman estaba describiendo y comentó:

—Entonces lo que estás haciendo es simplificar el resultado de nuestro proceso de planificación en un Mapa de Alineación con tan solo dos tipos de indicadores, *indicadores de proceso* e *indicadores de iniciativa*. ¿Es correcto?

—Absolutamente —asintió el Infoman—. De hecho es así de sencillo.

—Tengo que hacer otro comentario acerca de este mapa —continuó el Infoman—. Es acerca de su naturaleza orgánica. Lo que quiero decir con esto es que no se trata de un mapa estático que se congela una vez que ha sido definido y que la organización debe aferrarse a él a cualquier costo. Por el contrario, es un mapa que va cambiando con el tiempo. Existen dos factores que inducen a hacer cambios en este mapa. El primero es el cambio que experimenta la visión que tienen ustedes a medida que se adaptan a las oportunidades que surgen y a las necesidades crecientes de sus clientes. El segundo factor es el de los cambios en el ambiente social, político o económico o bien la aparición y desaparición de competidores. Cualquiera de estos cambios puede instarlos a modificar su visión y estrategias y por lo tanto su Mapa de Alineación.

❖ ❖ ❖

Aunque no se lo había expresado a los ejecutivos presentes en la reunión, el Infoman se sentía algo inquieto con el hecho de enfatizar la importancia del Mapa de Alineación cuando todavía no estaba completo y todavía no poseía las características necesarias para cumplir lo que estaba prometiendo. Por ejemplo, las iniciativas vinculadas como ramas de las direcciones estratégicas para cada empresa se encontraban en versión provisional y no estaban completas. Mientras se clausuraba la sesión y los participantes se despedían, Shirin y Don se acercaron al Infoman y lo invitaron a que almorzaran juntos para evaluar el progreso del equipo de la visión y el equipo de la estrategia. El Infoman estaba ansioso por enterarse del progreso de estos equipos. Shirin le pidió a la secretaria de Brian que les reservara una mesa en un restaurante cercano.

En medio del almuerzo Shirin comenzó a informar sobre el progreso del equipo de la visión.

—Una vez que tuvimos el esqueleto del Árbol de la Visión después del primer retiro de trabajo, nuestro equipo se reunió y revisó los indicadores en el árbol. Considerando el hecho de que este árbol debe incluir todos los indicadores a los que vale la pena darles seguimiento en la empresa, nos dimos cuenta de que este árbol remplazaría todos los indicadores claves de desempeño (KPI) y las mediciones en los cuadros de mando integral que actualmente se están utilizando en las diferentes divisiones del grupo. De tal manera que decidimos elaborar una lista de todos los indicadores actualmente en uso dentro del Grupo para asegurarnos de que no dejáramos de lado ningún factor importante. La lista resultó enorme e inconsistente. Para decidir cuáles en esta lista deberían permanecer y cuáles deberían ser borrados, tomamos uno por uno los indicadores y los examinamos para ver si tenían el impacto suficiente en la visión como para merecer ser incluidos en el Árbol de la Visión. Muchos de ellos merecían su lugar, pero muchos otros no. Tenemos una lista de los indicadores que no tuvieron cabida en el Árbol de la Visión para presentarla a los directores generales de cada una de las empresas y a Brian. Así pueden decidir si quieren discontinuar su uso.

—Me alegra escuchar esto —dijo el Infoman. —¿Ya tomaron la decisión los directores generales y Brian?

—Yo estuve mirando la lista de los que corresponden a

IES —dijo Don— y he decidido eliminar estos indicadores redundantes.

—Otros directores generales han tomado la misma decisión —dijo Shirin—. Pero hicimos más —continuó diciendo Shirin.

—Examinamos cada uno de los elementos de la visión y añadimos en color azul los indicadores que faltaban y que nos parecía que eran necesarios para medir el objetivo de la visión. De este modo el equipo ejecutivo podrá revisar y verificar nuestro trabajo, una vez que esté listo lo que estamos sugiriendo para nuestro trabajo. Luego examinamos los indicadores en el árbol para calcular tres números para cada uno de ellos: *situación actual, las metas para este año y las metas a cinco años*, ya que la nuestra es una visión a un plazo de cinco años.

—Después de esto encontramos algunos retos —dijo Shirin—. ¿Cuáles eran esos retos?

—Aproximadamente el 30% de los indicadores en el mapa no disponen en este momento de datos y no nos resultaba posible calcular la situación actual.

—¿Este 30% está relacionado con procesos que existen actualmente en las empresas?

—Más o menos la mitad.

—Mis sugerencias son estas —dijo el Infoman—. Para aquellos indicadores relacionados con procesos existentes a los que les faltan datos, traten de cambiar la manera en que han definido el indicador y utilicen los datos que ya tienen disponibles. Si esto no es posible, deben marcar estos indicadores y consultar con el equipo de Brian. Quizás sea conveniente añadir una nota para que se estime el costo de recopilar nuevos datos en comparación con el beneficio de contar con el factor. Ya después el equipo de Brian puede decidir si mantenerlos o borrarlos. En cuanto a aquellos indicadores que no están relacionados con los procesos existentes, déjenlos en el mapa de manera que los números puedan ser calculados en el futuro.

—¡Este es un progreso considerable, Shirin! —agregó el Infoman—. ¡Excelente trabajo! Ahora que nos cuente Don qué tal le va al equipo de la estrategia.

—No hemos avanzado tanto con el Árbol de la Estrategia como Shirin con el Árbol de la Visión —comenzó a decir Don.

—Eso es lo que dices, pero me parece que has llegado igual de lejos —dijo Shirin.

—Pues bien, nuestro equipo se reunió después del último retiro de trabajo y nos dividimos la labor en dos áreas principales. Un área consistía en completar el trabajo sobre la estrategia de negocios. La otra área se centraba en la estrategia de apoyo y los nuevos procesos comunes a ser creados por el grupo corporativo. Le pedimos a Shirin que también se uniera a nuestro grupo ya que es la vicepresidenta de planeación. Shirin te pondrá al corriente sobre su trabajo en los procesos comunes que ella examinó con su compañero de equipo. El siguiente es mi reporte acerca de la estrategia de negocios.

—Comencé de inmediato aquel trabajo en IES con mi socio como observador —prosiguió Don—. Programé una reunión específica con mi equipo e invité a un experto de la industria. La dirección estratégica que se nos había dado durante el retiro con todo el Grupo era invertir fuerte en los crecimientos a ser identificados. Esto nos ayudó enormemente ya que decidimos que nuestra primera tarea era identificar los segmentos en crecimiento y luego decidir de qué manera podríamos acelerar nuestra expansión en ellos. Ya antes habíamos venido trabajando con segmentos en crecimiento, pero el ejercicio nos llevó a aumentar la profundidad de nuestro análisis. Un análisis más a fondo exigía una mejor comprensión de nuestros clientes. Dedicamos un tiempo considerable a investigar los perfiles de nuestros clientes existentes y de nuestros clientes potenciales. Reflexionamos sobre el valor añadido que les proporcionábamos, sus necesidades actuales y las necesidades que emergerían con las tendencias cambiantes de la industria. Basados en los datos del mercado que se habían preparado para nosotros y después de consultar con el experto en mercadeo a quien habíamos invitado a participar, identificamos tres segmentos en crecimiento que resultaban claves. Intercambiamos ideas acerca de las bases con que podríamos competir en estos segmentos. Si bien el precio era el elemento principal en uno de los tres segmentos, se determinó que la base de nuestra competitividad en los otros dos era la diferenciación de nuestros productos. IES no había sido una empresa muy innovadora a pesar de nuestros esfuerzos en el pasado, y ahora sentíamos que la base para diferenciarnos de la competencia era la innovación. De modo que esto ha pasado a ser el centro del radar de nuestra estrategia. Esta estrategia es enfocarnos en tres productos innovadores, pero asegurarnos de que sean *productos excepcionales que introduzcan un hito en la industria con su calidad sobresaliente.* Va a resultar crucial la velocidad con que se diseñen, se produzcan y se introduzcan en el mercado.

—Ahora hemos desarrollado cinco iniciativas que nos ayudarán a cumplir con esta estrategia y las hemos vinculado al Árbol de la Estrategia —dijo Don finalizando el reporte sobre el progreso de su equipo.

—Suena estupendo, Don. ¡Han logrado un progreso excepcional! —dijo el Infoman—. ¿Y qué se sabe de las otras empresas del Grupo?

—Mi colega Ted observó y participó con nosotros mientras adelantábamos este proceso y se mostró de acuerdo en ayudar a las otras empresas a pasar por una experiencia similar y definir su estrategia e iniciativas primordiales. Ya ha colocado algunas de ellas en el mapa y colocará el resto cuando estén listas. Sé que le falta poco para terminar, pero todavía necesita un par de semanas.

—Excelente, Don. Bueno, ¿y qué noticias hay de los procesos comunes?

Shirin respondió:

—Nuestro equipo de dos personas estudió el Árbol de la Estrategia que fue creado durante el retiro de trabajo. Centramos nuestra atención en la rama principal, llamada "Estrategia de apoyo". Nos dimos cuenta de que al interior del área corporativa del Grupo XCorp en la actualidad tenemos numerosos proyectos estratégicos que necesitan verdaderos financiadores y probablemente se deben vincular a esta rama. De modo que hicimos una lista de todos los proyectos estratégicos actualmente en marcha dentro del Grupo XCorp y las cuatro empresas. Queríamos saber cuáles pertenecían al nivel del grupo y cuáles al nivel de las empresas. Lo que descubrimos es que existía una considerable duplicación de proyectos similares que se estaban desarrollando. Examinamos la lista y dividimos los proyectos en tres listas. La primera incluía proyectos que nos parecía que debían hacerse a nivel del grupo. La segunda incluía proyectos que nos parecía que debían hacerse al interior de las respectivas empresas. La tercera incluía proyectos que no estaban alineados con los elementos de la visión que habíamos identificado durante el retiro de trabajo. Esta tercera lista ya la podemos pasar a Brian y su equipo para que la miren. Podrían decidir eliminar los proyectos en esta lista o bien colocarlos en algún sitio del Árbol.

—¿Tienes una idea de cuándo Brian y su equipo van a validar tu trabajo?

—Yo creo que lo harán en el próximo par de semanas —dijo Shirin.

Aunque el Infoman se encontraba impresionado con el buen trabajo de los equipos, la evaluación de su respectivo progreso le había dado la sensación de que XCorp no iba a estar lista para la próxima etapa en la alineación antes de un mes. Ofreció a Shirin y a Don una previsión de lo que vendría después.

—El trabajo que ustedes y los integrantes de sus equipos han hecho es sumamente valioso. Han aumentado la calidad del Mapa de Alineación mucho más lejos de lo que habíamos hecho juntos. Yo diría que este mapa va a estar listo más o menos en un mes. Hagamos planes de reunirnos entonces con Brian y su equipo para obtener una validación final del mapa y asignar la responsabilidad para rendir cuentas por cada indicador a la persona apropiada dentro de la organización. El retiro de trabajo sobre la responsabilidad será el último retiro importante que tendremos para clarificar lo que la alineación significa para todos. Así que adelante. Será un gusto reunirnos de nuevo el próximo mes.

CAPÍTULO 7

Responsabilidad
(Accountability)

Un mes más tarde el equipo de trabajo de Brian se reunió para el retiro de trabajo sobre la Responsabilidad en el mismo hotel de Manhattan. Brian había llegado al sitio en el automóvil con Shirin, Gail y Ted. No era de extrañarse que hubiese descontinuado los servicios de la compañía de limusinas.

Tanto el equipo de la visión como el equipo de la estrategia habían concluido su trabajo y el mapa estaba ahora listo para su validación y los ajustes. Cuando el grupo se congregó en el salón de conferencias Brian expresó su satisfacción con el trabajo que habían llevado a cabo los equipos:

—Gracias a Don y a Shirin nuestro trabajo hoy va a ser bastante más fácil.

El Infoman repasó brevemente las reglas básicas de consulta que habían desarrollado en el primer retiro de trabajo y continuó:

—A estas alturas todos están familiarizados con el Mapa de Alineación que surgió de nuestro trabajo previo.

Tom proyectó en la pantalla la versión más reciente del Mapa de Alineación.

—Hoy vamos a revisar el trabajo que hicieron el equipo de la estrategia y el equipo de la visión y luego validarlo o efectuar cambios.

Shirin y Don presentaron un reporte del trabajo de sus respectivos equipos y mostraron los resultados en el Mapa de Alineación. Era tal la calidad del trabajo presentado que solo hicieron falta un par de horas para que el grupo efectuara ajustes menores al mapa y lo aprobara.

Después de un descanso el Infoman se dirigió al grupo:

—Estoy seguro de que están de acuerdo en que cada indicador de cada lado de este mapa necesita atención. Algunos de estos indicadores son financieros y otros no. A algunos se les debe dar seguimiento trimestralmente, a otros mensualmente, a algunos semanalmente, a otros diariamente. Los indicadores que requieren atención diaria generalmente no son financieros pero son muy importantes. Son los indicadores cruciales de desempeño.

—El término "responsabilidad" significa asignar responsabilidad para rendir cuentas de cada uno de estos indicadores a la persona apropiada en la organización —continuó diciendo el Infoman.

—Por supuesto —señaló Don—. Pero decidir quién es responsable por cuál indicador será un reto.

—Tener buenos criterios facilita mucho las cosas —comentó el Infoman—. Les voy a dar un criterio para que lo consideren. Sugiero que se asigne la responsabilidad para el indicador de un proceso (localizado en el lado izquierdo de este mapa) a *la persona que tenga el mayor impacto directo en el nivel apropiado más bajo de la organización.*

—En otras palabras, si un gerente y su colaborador directo tienen impacto en el indicador de un proceso, ¿el colaborador directo es el responsable del mismo? —preguntó Brian.

El Infoman asintió.

—¿Y qué pasa con los indicadores de iniciativa (en el lado derecho del árbol)? —preguntó Andrew.

—Lo contrario. *La persona que tenga el mayor impacto directo en el nivel apropiado más alto de la organización sería responsable de la iniciativa.* Las iniciativas estratégicas tienen una mayor probabilidad de éxito cuando son asignadas a un nivel alto de autoridad.

—Muy bien —dijo Shirin—. Suponiendo que utilizamos estos criterios, ¿quién se encarga de la asignación?

—Brian y su equipo hacen la asignación para los indicadores en el nivel del Grupo, y los equipos ejecutivos de las distintas empresas hacen la asignación para los indicadores en el nivel de las empresas.

—¡Esto es genial! —comentó Brian—. Lo que estás haciendo es distribuir la responsabilidad entre todas las personas de nuestra organización.

—¡Exactamente! Cuando distribuyes la responsabilidad de esa manera, cada persona será responsable por unos pocos indicadores y los indicadores serán los Factores Críticos de Éxito (FCE) de esa persona. En realidad, los FCE son mediciones del impacto directo y único que una persona tiene en los indicadores de proceso que están en el mapa.

—Entiendo tu punto sobre la responsabilidad por el impacto directo bajo la forma de Factores Críticos de Éxito (FCE), ¿pero qué me dices sobre la responsabilidad compartida? —preguntó Don Turner.

—Eso se cubre considerando un segundo tipo de impacto en un indicador, el *impacto interfuncional.* Si se tiene un impacto en un indicador de proceso a través de su influencia interfuncional, entonces el indicador a usarse es un Factor Crítico de Influencia (FCI). Un FCI mide el impacto indispensable que se tiene sobre un indicador del que alguien más es responsable.

—Déjame ver si lo entiendo —dijo Shirin—. Dos personas miran el mismo indicador. Una de ellas lo considera como su Factor Crítico de Éxito (FCE) y la otra como su Factor Crítico de Influencia (FCI).

—Es correcto —dijo el Infoman—. Sin embargo, puede haber numerosas personas que tienen influencia indispensable sobre el Factor Crítico de Éxito (FCE) observando ese indicador como su Factor Crítico de Influencia (FCI).

—¿Por qué hacer la distinción entre los FCE y los FCI? —preguntó Don.

—Porque la responsabilidad (*accountability*) requiere una clarificación de las funciones. No es deseable que aquellos que se encargan de los Factores Críticos de Influencia (FCI) asuman una tarea que realmente le corresponde a otra persona y no es deseable que una persona que se encarga de un Factor Crítico de Éxito (FCE) ignore su responsabilidad.

Mientras Shirin y Don reflexionaban sobre las respuestas a sus preguntas, el Infoman continuó diciendo:

—También hay un tercer tipo de impacto: el impacto administrativo. Si tienen impacto en un indicador a través de su papel como gerentes, entonces el indicador será para ustedes un Factor Crítico de Gestión (FCG). Un FCG mide el éxito en la obtención de resultados a través de las personas a las que dirigen.

—Todavía estamos tratando de absorber la distinción entre un Factor Crítico de Éxito (FCE) y un Factor Crítico de Influencia (FCI) y ya nos estás presentando otro factor. ¿Estás seguro de que todas estas distinciones son necesarias?

—Definitivamente —respondió el Infoman—. Cuando consideras un indicador como tu Factor Crítico de Gestión (FCG), es un recordatorio de que debes prestar atención a no microgestionar ni a hacerte cargo de la tarea que realmente corresponde a alguien que reporta a ti directa o indirectamente. Y te das cuenta de que la influencia que tienes es motivando, estimulando y ayudando en el desarrollo de esa persona y no haciéndote cargo de sus tareas. Estas distinciones van a facilitar los comportamientos adecuados en la organización.

Shirin levantó la mano y dijo:

—Vamos a ver si entiendo. Dos personas pueden estar mirando el mismo indicador. Una de ellas lo ve como su Factor Crítico de Éxito (FCE) y la otra como su Factor Crítico de Gestión (FCG). ¿Correcto?

—Sí, es correcto —contestó el Infoman—. Solo que el Factor Crítico de Gestión (FCG) también puede corresponder a la suma de los valores de los Factores Críticos de Éxito (FCE) de las personas que diriges. Por ejemplo, si tenemos cinco supervisores y cada uno de ellos es responsable de producir un número determinado de accesorios en sus respectivas líneas de producción, su Factor Crítico de Éxito (FCE) será el # *de accesorios producidos* y el Factor Crítico de Gestión (FCG) para su jefe será la suma de los accesorios producidos por todos ellos.

—Tomemos el ejemplo de *$ Ventas* —prosiguió el Infoman—. ¿Quién es el responsable por *$ Ventas?*

—Todos —respondió Andrew.

—Así es, pero ¿quién se encarga realmente de las ventas?

—El vendedor —respondió Andrew de nuevo.

—¿Y el vendedor está facultado para salir a vender?

—Claro que sí —dijo Andrew.

—¿Cuando las ventas han bajado es al vendedor al que vas a motivar y estimular para que venda?

—Sí —contestó Andrew.

—Entonces *$ Ventas* es el FCE para el vendedor. Él o ella es la persona responsable.

El Infoman había dejado claro el punto. Para explicar el concepto de FCE a otro nivel, preguntó:

—¿Cuál sería el Factor Crítico de Éxito (FCE) para el gerente de ventas? En otras palabras, ¿cuál es una medida del valor agregado único del gerente de ventas?

—Ventas totales —sugirió Don.

—Esa es la respuesta que mucha gente daría —reconoció el Infoman—. ¿Pero es ese realmente el FCE para el gerente? Si las ventas están bajas, ¿haría él algo directamente, como efectuar más ventas?

—No —dijo Don—. Se aseguraría de que los vendedores incrementen las ventas.

—Exactamente —dijo el Infoman—. Así que su influencia no radica en hacer algo por sí mismo sino en hacer algo a través de su personal. Las ventas totales no son un FCE para él sino un FCG. Regresando a mi pregunta original, ¿cuál es el FCE para el gerente de ventas?

—¿Qué tal algo como *porcentaje de vendedores que superan su cuota de ventas?* —sugirió Shirin.

—Preciso —respondió el Infoman—. Para llevar este indicador al 100%, el gerente de ventas tendrá que dirigir apoyar, motivar, entrenar, aconsejar y acompañar a los vendedores para ayudarles a alcanzar su cuota. Ese es un trabajo administrativo y él o ella es la persona con el mayor impacto directo para lograr que mejore este indicador.

—Ahora, respecto a la influencia interfuncional, ¿quién tendría $ *Ventas* como FCI? En otras palabras, ¿quién haría una contribución indispensable para aumentar las ventas del vendedor?

—Quizás el gerente de publicidad —sugirió Wade—. La publicidad tiene una influencia indispensable en las ventas.

—Ese es un buen ejemplo —dijo el Infoman—. El gerente de publicidad tendría las ventas como un FCI, pero también el gerente de logística y el de producción podrían tener Ventas como FCI.

—¿Y qué se puede decir de la influencia de línea punteada? —preguntó Gail—. Yo soy la directora corporativa de Recursos Humanos. Tengo personal que reporta a mí directamente, así que sé que voy a tener un FCG, pero también hay personal de Recursos Humanos que me reporta a mí en línea punteada. ¿Eso sería también un FCG?

—Realmente no —contestó el Infoman—. Lo que acabas de mencionar es el cuarto y último tipo de impacto, uno que es particularmente relevante para una organización matricial. Se trata del FIG o Factor de Influencia de Gestión. Este refleja tu influencia administrativa sobre aquellos que reportan a ti en línea punteada.

El Infoman les dio un par de minutos para que digirieran la información. Todos se veían pensativos pero no surgieron más preguntas. A continuación dirigió la atención de todos hacia el lado derecho del mapa.

—Como saben, el lado derecho de este mapa se ocupa de las iniciativas estratégicas. El progreso de las iniciativas se mide con el llamado Índice de Proyecto de Éxito o IPE.

—Este es similar a los FCE —continuó—. Tenemos cuatro tipos de índices. Aquellos sobre los que tienes el mayor impacto directo son los Índices de Proyecto de Éxito o IPE. Las iniciativas sobre las cuales tienes impacto a través de tu cargo como gerente es tu Índice de Proyecto de Gestión o IPG. Las iniciativas sobre las cuales tienes impacto a través de tu influencia interfuncional es tu Índice de Proyecto de Influencia o IPI y las iniciativas sobre las cuales tienes impacto a través de tu influencia de gerencia de línea punteada es el Índice de Proyecto de Influencia de Gestión o IIG.

El Infoman proyectó en la pantalla en forma de cuadro un resumen de los conceptos que acababa de presentar (véase Gráfico 13).

—¿Podrías darnos algunos ejemplos para ayudarnos a entender más claramente estos tipos de influencias? —preguntó Shirin.

—Sí, claro. De hecho, en un par de minutos vamos a consultar juntos acerca de a quién le corresponde cada papel para cada uno de los indicadores en el Mapa de Alineación y entonces van a entender claramente estos conceptos después de trabajar en unos cuantos casos.

Conceptos de Responsabilidad

Tipo de impacto	Impacto en los Indicadores de Visión	Impacto en las Iniciativas Estratégicas
Impacto directo	Factor Crítico de Éxito (FCE)	Índice de Proyecto de Éxito (IPE)
Impacto gerencial	Factor Crítico de Gestión (FCG)	Índice de Proyecto de Gestión (IPG)
Impacto interfuncional	Factor Crítico de Influencia (FCI)	Índice de Proyecto de Influencia (IPI)
Impacto gerencial de línea punteada	Factor de Influencia de Gestión (FIG)	Índice de Proyecto de Infuencia de Gestión (IIG)

Gráfico 13

—Cuando se definan los papeles para todos los indicadores, cada persona en la organización contará con una mezcla de los tipos de factores. El personal de línea tendrá más FCE y el personal de *staff* (funciones de apoyo) tendrá más IPE y FCI. Las personas en los niveles más altos tendrán más factores IPE mientras que en los niveles más bajos tendrán más FCE. Esto se debe a que en los niveles más altos deben estar más ocupados con el futuro y los niveles más bajos más ocupados con el presente.

Director General   Futuro

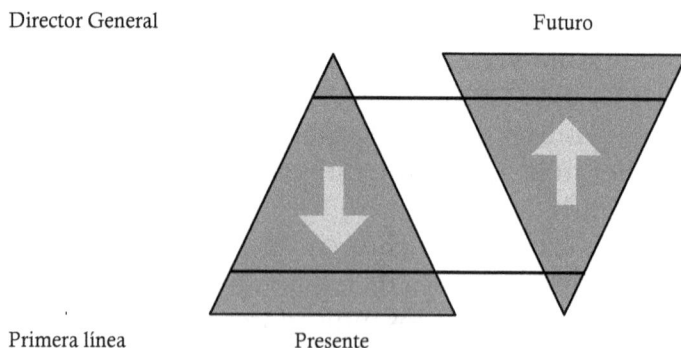

Primera línea   Presente

Gráfico 14

—Si estos dos triángulos representan los indicadores de los procesos actuales y los indicadores de iniciativas para el futuro, en una organización, al dibujar una línea horizontal a través de ellos nos muestra que a cada nivel un gerente tendrá una mezcla de indicadores de presente y de futuro. Mientras más alto te encuentres en la jerarquía de la organización mayor será tu enfoque en el futuro. Contrariamente, mientras más abajo te encuentres mayor será tu enfoque en las operaciones presentes. Y no importa dónde te encuentres en la organización, el número total de factores en tu trabajo no debe exceder una página, e idealmente, no debería exceder de cinco indicadores.

❖ ❖ ❖

Mientras los participantes estaban reflexionando sobre los dos triángulos, Joanne, la asistente de Brian, entró al salón de reuniones con una nota para Brian. La nota decía: "Hay dos caballeros en la recepción que desean verte. Es urgente". Brian le dijo al grupo que tomaran un descanso de 15 minutos y se dirigió hacia la recepción, donde vio a un policía uniformado y a otro hombre. Supuso que el otro hombre también era un agente.

—Hola, soy el detective Cummings y él es el oficial Thornton. Tenemos noticias sobre su rapto.

El hombre sin uniforme dijo:

—No abundaré en detalles sobre cómo averiguamos esto. Basta decir que hemos logrado atrapar a los dos hombres que lo raptaron. Los tenemos bajo custodia. Fueron contratados. La mala noticia es que hasta el momento se niegan a hablar, así que aún no sabemos quién está detrás de esto.

—¿Puede pensar en alguien que quiera perjudicarlo? —preguntó el oficial—. ¿O en alguien que quisiera asustarlo por alguna razón?

Thornton tenía la libreta lista para anotar cualquier cosa que Brian dijera.

—En realidad no —respondió Brian—. Para serle franco, estoy muy desconcertado con todo esto. Si hubieran tomado mi computadora, mi teléfono o mi billetera, cualquier cosa de valor, podría entenderlo. Pero el hecho de que no tomaran nada y de que incluso me dejaran justo en el estacionamiento del hotel en el que iba a asistir al retiro de trabajo, me demuestra que el propósito no era robarme o realmente hacerme daño. Debe haber habido otra razón.

—Eso es lo que nosotros pensamos —dijo el uniformado—. Alguien está tratando de enviarle un mensaje. ¿Pero por qué alguien se tomaría tantas molestias para ni siquiera darle una pista sobre quién es?

Los dos hombres se levantaron para marcharse.

—Bueno, señor Scott, si recuerda algo, llámeme. Esta es mi tarjeta. Puede hablarme a cualquier hora —dijo el detective Cummings.

—Muchas gracias por el excelente trabajo que han hecho, y por favor, háganme saber si obtienen más información.

Los dos hombres asintieron y se marcharon.

❖ ❖ ❖

Brian regresó al salón de conferencias y encontró al grupo enfrascado en una animada charla.

—Reanudemos la sesión —sugirió el Infoman.

—Tengo una pregunta —dijo Shirin—. ¿Puedes explicarnos un poco más sobre cómo funciona el Índice de Proyecto de Gestión?

—Por supuesto —respondió el Infoman—. Veamos un ejemplo: Expandir XCorp a China. Supongamos que esta iniciativa incluye tres subiniciativas.

- Investigación de mercado para analizar la demanda en el mercado chino.
- Proyecto de adquisiciones para encontrar empresas potenciales que comprar.
- Estudio de factibilidad para construir una planta en China.

La responsabilidad para estas subiniciativas se puede asignar a tres índices de Proyecto de Éxito, respectivamente a tres personas en la organización. La persona que dirija a estas tres podría contar con un índice de Proyecto de Gestión que refleje el progreso de la iniciativa a un nivel global. Para los departamentos de finanzas y jurídico la subiniciativa "adquisición" sería un Índice de Proyecto de Influencia.

Durante el descanso Tom hizo los ajustes finales a una hoja de cálculo Excel que había preparado antes basada en el Mapa de Alineación. Proyectó la primera página de esta hoja después de que Brian se reincorporó al grupo (véase Gráfico 15).

—Lo que ustedes ven aquí es lo que yo llamo el Mapa de Responsabilidad —dijo el Infoman—. En la primera columna tenemos los elementos de la visión. En la segunda columna tenemos los indicadores de procesos e iniciativas que venían del Mapa de Alineación. Las columnas siguientes son para las diferentes posiciones en la organización, comenzando con Brian. Empecemos por mirar a cada uno de los indicadores de procesos e iniciativas en este gráfico y determinemos la respectiva responsabilidad. ¿Les parece bien a todos?

Al ver que numerosos asistentes asentían, prosiguió:

—Comenzando con las ventas, un indicador sobre el cual ya hemos hablado, ¿quién debería ser responsable por Ventas para el Grupo XCorp?

—Te refieres al total de todas las ventas de todas las empresas, ¿cierto? —preguntó Shirin—. Como las ventas

MAPA DE RESPONSABILIDAD PARA EL EQUIPO DIRECTIVO DEL GRUPO XCORP (PÁGINA 1)

Visión	Indicadores o Iniciativas	Brian Scott CEO	CEOs de unidades de negocio	Shirin Chandra Planeación	Pat Brown TI/I+D	Ted Finley Director Financiero	Gail Locke Recursos Humanos	Niveles Inferiores
Tamaño del grupo XCorp	Indicador: $ Total de Ventas							
	Iniciativa: Establecer criterios para determinar el tamaño, proponer una estrategia para aumentar el tamaño y coordinar con las unidades de negocios para su implementación							
	Iniciativa: Analizar el potencial actual para el crecimiento natural, proponer segmentos de crecimiento y coordinar con las empresas para consultar acerca de la implementación							
	Iniciativa: Ejecutar la adquisición planeada existente en colaboración con los líderes de finanzas y de negocio							
	Iniciativa: Desarrollar e implementar un plan para maximizar las sinergias para aumentar las ventas							
	Iniciativa: Establecer los criterios de adquisición, desarrollar el plan e implementar el plan después de obtener aprobación del Grupo XCorp.							
Imagen	Indicador: Top of mind							
	Iniciativa: Determinar la imagen deseada del Grupo XCorp, desarrolle e implemente un plan para promoverla después de la aprobación							
Cobertura grupal	Indicador: # de países cubiertos por el Grupo							
	Indicador: % de países en posición #1							
	Iniciativa: Desarrollar e implementar un plan para maximizar la cobertura en todo el mundo							

Gráfico 15

totales corresponden a las ventas en todas las empresas, las personas en los niveles inferiores que en efecto están llevando a cabo las ventas tendrían este indicador como su FCE.

—Es correcto —dijo el Infoman—. Se asigna al más bajo nivel apropiado dentro de la organización.

—Los niveles inferiores serán los responsables de ello —dijo Brian— pero yo también necesito estar al corriente. ¿Entonces las ventas totales no serían para mí un Factor Crítico de Gestión (FCG)?

—Sí, claro que sí —contestó el Infoman—. Y podría ser un FCG para todos los niveles en medio ya que desearían ver las ventas correspondientes a su alcance.

—Tenlo por seguro —dijo Don—. Tenemos que mirar esta cifra con mucha atención.

—Entonces coloquemos FCG para la porción de las ventas en sus organizaciones —dijo el Infoman.

Tom introdujo la información en la hoja de cálculo Excel.

Ventas Totales	FCG para Brian	FCG para los directores de las empresas	FCE para niveles inferiores

Gráfico 16

—Ya que hemos clarificado la responsabilidad para un indicador de procesos, ¿deberíamos mirar en seguida un indicador de iniciativas?

—Por supuesto —dijeron al mismo tiempo Brian y Shirin—. ¿Con cuál les gustaría empezar?

—¿Qué tal la implementación de las adquisiciones planificadas? —propuso Wade. En ese momento él ya estaba involucrado en negociaciones para una adquisición.

—De acuerdo; ¿quién tendría esto como índice de Proyecto de Éxito?

—Debería estar en el nivel más alto —sugirió Ted—. De modo que todas las iniciativas serían asignadas a Brian.

—Yo hablé del nivel apropiado más alto —sugirió el Infoman sonriendo—. Pero aquí la palabra clave es "apropiado". Brian no podría manejar todas las iniciativas en el Grupo.

—¿Tal vez me correspondería a mí como director corporativo de finanzas? —dijo Ted—. Yo soy quien más interesado está en los números.

—O a mí, como directora de planeación —dijo Shirin—. Las adquisiciones planeadas deberían ser coordinadas por el Departamento de Planeación.

El Infoman dijo:

—Para determinar a quién corresponde el IPE sugiero que examinen la adquisición en el pasado que consideren la más exitosa hasta la fecha y miremos quién la estaba coordinando.

—El jefe de la empresa la estaba coordinando —dijo Brian—. Así que es un IPE para la cabeza de la empresa y un IPI para Ted.

Todos se mostraron de acuerdo y Tom proyectó el resultado en la pantalla.

Implementar adquisiciones planeadas	IPE para los directores generales de las empresas	IPI para el director financiero corporativo Ted Finley

Gráfico 17

—¿Y qué me dicen de la iniciativa, plan para establecer criterios de Adquisición? —dijo el Infoman—. ¿Quién debería encargarse de eso?

—Creo que como director financiero corporativo debería encargarme yo —dijo Ted Finley—, dado que esta iniciativa requiere conocimiento financiero.

—Sí, pero la financiación es un medio para llegar a un fin —dijo Shirin—. Lo que realmente importa es elegir las adquisiciones óptimas y la sinergia de la nueva empresa con las operaciones actuales.

—Esta iniciativa le corresponde a Shirin como IPE y como IPI para los directores de las empresas, ya que ella puede coordinar los aportes de los directores de empresa con el fin de desarrollar un plan que todos podamos examinar —dijo Brian.

Tom proyectó las conclusiones en la pantalla.

Establecer los criterios de adquisición, desarrollar el plan e implementar el plan	IPI para los directores generales de las empresas	IPE para Shirin Chandra

Gráfico 18

—A continuación miremos la noción de *analizar el potencial actual de crecimiento natural, proponer segmentos de crecimiento, y coordinar los negocios para obtener información sobre su implementación* —dijo el Infoman—. ¿Quién debería encargarse de esta iniciativa?

—Yo creo que también me corresponde a mí —dijo Shirin—. Necesitaría los aportes de todos y yo no tomaría todas las decisiones; solo haría los análisis para presentar a este grupo.

—Muy bien —dijo Brian. Tom introdujo la información.

Analizar el potencial actual para el crecimiento natural...	IPI para los directores generales de las empresas	IPE para Shirin Chandra	IPI para los directores de TI y financiero

Gráfico 19

—¿Están listos para otro? —preguntó el Infoman.
—Claro que estamos listos —contestó Brian.

—Miremos el indicador de procesos EVA. ¿A quién le corresponde este FCE? —dijo el Infoman.

—Ciertamente a Brian —dijo Andrew.

—Es el FCE de los directores generales de las empresas —comentó Ted.

—Exactamente —corroboró el Infoman—. Debería ser también el FCI del Director Financiero.

Tom introdujo los datos en la hoja de cálculo Excel.

EVA	FCE para Brian	FCE para los directores generales de las empresas	FCI para el director financiero

Gráfico 20

—¿Podemos mirar el factor *Índice de satisfacción del cliente*? —preguntó Andrew—. Tengo curiosidad por ver a quién le corresponde.

—La responsabilidad de este indicador es realmente a nivel de los negocios —dijo el Infoman—. No deberían tener involucramiento a nivel de ningún grupo.

El grupo siguió examinando el resto de los indicadores e iniciativas del árbol y consultando sobre quiénes serían las personas más apropiadas para asumir responsabilidad por ellos. Hacia el final de la tarde ya habían cubierto un gran número de indicadores de ambos lados del mapa. Shirin alzó la mano.

—Sí, Shirin —dijo el Infoman.

—¿Y qué podemos decir de las iniciativas dentro de cada una de las empresas del Grupo? Son las más importantes y todavía no hemos hablado de ellas. Por ejemplo, Don tiene el desarrollo de tres productos de vanguardia en su área, ¿quién los tendría como IPE?

—Buena pregunta —dijo el Infoman—. La asignación de funciones no debería realizarse en este foro. Realmente deberían hacerse dentro de las respectivas empresas para asegurar una mejor asignación de responsabilidades.

MAPA DE RESPONSABILIDAD PARA EL EQUIPO DIRECTIVO DEL GRUPO XCORP (PAGINA 1)

Visión	Indicadores o Iniciativas	Brian Scott CEO	CEOs de unidades de negocio	Shirin Chandra Planeación	Pat Brown TI/I+D	Ted Finley Director Financiero	Gail Locke Recursos Humanos	Niveles Inferiores
Tamaño del grupo XCorp	Indicador: $ Total de Ventas	FCG	FCG					FCE
	Iniciativa: Establecer criterios para determinar el tamaño, proponer una estrategia para aumentar el tamaño y coordinar con las unidades de negocios para su implementación		IPI	IPE	IPI	IPI		
	Iniciativa: Analizar el potencial actual para el crecimiento natural, proponer segmentos de crecimiento y coordinar con las empresas para consultar acerca de la implementación		IPI	IPE	IPI	IPI		
	Iniciativa: Ejecutar la adquisición planeada existente en colaboración con los líderes de finanzas y de negocio		IPI	IPE				
	Iniciativa: Desarrollar e implementar un plan para maximizar las sinergias para aumentar las ventas	IPG	IPE					
	Iniciativa: Establecer los criterios de adquisición, desarrollar el plan e implementar el plan después de obtener aprobación del Grupo XCorp		IPE			IPI		
Imagen	Indicador: Top of mind							FCE
	Iniciativa: Determine la imagen deseada del Grupo XCorp, desarrolle e implemente un plan para promoverla después de la aprobación			IPE				
Cobertura grupal	Indicador: # de países cubiertos por el Grupo		FCG					FCE
	Indicador: % de países en posición #1		IPE	IPI				FCE
	Iniciativa: Desarrollar e implementar un plan para maximizar la cobertura en todo el mundo	IPG						

Gráfico 21

Esto motivará conversaciones enriquecedoras dentro de cada empresa y aumentará el grado en que todos los participantes se involucren y asuman como propio el proceso de alineación.

—Yo sugeriría que arregles una reunión con tus colaboradores para este propósito —dijo Brian.

—Ya había pensado hacerlo —dijo Don—. Vamos a dedicar dos días a esta actividad para cubrir todos los cargos administrativos hasta el nivel de supervisor.

—Me parece magnífico —señaló el Infoman.

Volviéndose hacia Brian el Infoman dijo:

—Para asegurar alta calidad y consistencia en el contenido de este Mapa de Responsabilidad, me gustaría sugerir que movilicen un equipo de responsabilidad compuesto por un par de individuos que asistiría a los jefes de cada empresa durante el proceso de definición y aseguraría una alta calidad en el producto. Este equipo podría ser una combinación del equipo de la visión y el equipo de la estrategia que ustedes designaron anteriormente. Realmente hicieron un trabajo estupendo.

Brian asintió. De hecho ya había estado pensando en ello. Antes de clausurar el encuentro, el Infoman le pidió a Tom que proyectara en la pantalla el Mapa de Responsabilidad que habían producido durante la sesión (véanse los Gráficos 22 y 23).

Para concluir la discusión sobre la responsabilidad, el Infoman comentó:

—Todos los participantes en esta reunión de hoy pueden ver la manera de alinearse con la visión y la estrategia del Grupo XCorp. Pueden ver cómo cada elemento de la visión y de la estrategia está a cargo de alguien. Hemos establecido vínculos interfuncionales entre las varias empresas y hemos definido la responsabilidad compartida.

Brian se sentía sumamente satisfecho con los resultados. Le dio gracias a su equipo por su participación y al Infoman por haber sido el facilitador y clausuró la sesión.

MAPA DE RESPONSABILIDAD PARA EL EQUIPO DIRECTIVO DEL GRUPO XCORP (PÁGINA 2)

Visión	Indicadores o Iniciativas	Brian Scott CEO	CEOs de unidades de negocio	Shirin Chandra Planeación	Pat Brown TI/I+D	Ted Finley Director Financiero	Gail Locke Recursos Humanos	Niveles Inferiores
Imagen	Indicador: *Top of Mind*	IPG						FCE
	Iniciativa: Definir la imagen deseada para el Grupo XCorp e implementar un plan para promocionarla			IPE				
Cobertura	Indicador: # de países cubiertos		FCG					FCE
	Indicador: % de países en la posición #1		FCG					FCE
	Iniciativa: Desarrollar un plan para maximizar la cobertura a nivel mundial	IPG	IPE					
Innovación	Indicador: % de nuevos productos innovadores exitosos				FIG			FCE
	Indicador: # de meses desde el diseño hasta su salida al mercado				FIG			FCE
	Indicador: % Gastos I+D / Ventas				FIG			FCE
Efectividad Operativa	Indicador: % Cumplimiento de benchmarks en el costo de las ventas							FCE
	Indicador: % Cumplimiento de benchmarks en producción							FCE
	Indicador: % Cumplimiento de benchmarks en distribución							FCE
Calidad Excepcional en el Servicio al Cliente	Indicador: Índice de satisfacción del cliente							FCE
Liderazgo Tecnológico	Indicador: % de crecimiento en ventas repetidas							FCE
	Indicador: % de ventas de tecnologías innovadoras				FIG			FCE
Excelente trato a los Empleados	Indicador: # de postulantes cualificados para las posiciones vacantes en el Grupo XCorp						FIG	FCE
	Indicador: % de rotación no deseada						FIG	FCE

Gráfico 22

MAPA DE RESPONSABILIDAD PARA EL EQUIPO DIRECTIVO DEL GRUPO XCORP (PÁGINA 3)

Visión	Indicadores o Iniciativas	Brian Scott CEO	CEOs de unidades de negocio	Shirin Chandra Planeación	Pat Brown TI/I+D	Ted Finley Director Financiero	Gail Locke Recursos Humanos	Niveles Inferiores
Excelente trato a empleados	Indicador: # de candidatos calificados para puestos vacantes dentro del Grupo		FCI				FCE	
	Indicador: % de reducción en rotación no deseada en el Grupo						FIG	FCE
	Indicador: Índice de encuesta de clima laboral para el Grupo						FCI	FCE
	Iniciativa: Desarrollar e implementar un plan para transferir las mejores prácticas de recursos humanos a todas las empresas para atraer y retener el talento						IPE	
	Iniciativa: Planificar e implementar procesos para difundir los valores de excelencia del Grupo en todos los negocios						IPE	
Alto Valor para los Accionistas	Indicador: Valor Económico Agregado (EVA)	FCE	FCE			FCI		
	Indicador: Valor de Mercado Agregado (MVA)		FCE			FCI		
	Indicador: Ganancias por acción (EPS)	FCE	FCE			FCI		
	EBITDA	FCE	FCE					
Contribución a la comunidad	Indice de Responsabilidad Social del Grupo		FCE					
Innovación	Iniciativa: Establecer y preparar un fondo que proporcione soporte financiero a los negocios de desarrollo de nuevos productos o servicios para sus mercados		IPI			IPE		

Gráfico 23

Parte II
FORTALECIENDO LA ALINEACIÓN

CAPÍTULO 8

Un sistema para la alineación

Dos semanas más tarde Brian entró a un restaurante italiano para almorzar con el Infoman. El Infoman ya había llegado y estaba leyendo las noticias en su celular mientras aguardaba. Ambos se saludaron y ordenaron la comida.

—Bueno, cuéntame cómo va todo, ¿sientes que tu gente te apoya con la estrategia que definimos juntos? —preguntó el Infoman.

—Gracias por tu ayuda con nuestras sesiones. Ahora me siento mucho más cómodo con la integración de mi equipo y su nivel de compromiso —dijo Brian.

—¿Sientes que el nivel de alineación de tu equipo ha mejorado? —preguntó el Infoman.

—Definitivamente sí. Siento que ahora mi equipo está más integrado y se ha unido. Nuestra toma de decisiones parece ser más efectiva y hay menos resistencia a hacer las cosas.

—Me alegra escucharlo —dijo el Infoman.

En ese momento apareció la mesera con el pedido. Comieron en silencio durante unos minutos.

—Sabes que lo que has logrado hasta el momento es muy importante. Una vez definida la responsabilidad, las personas tienen ahora una comprensión más clara de cuál es la función que cumplen en relación con los indicadores críticos. Pero es solo un aspecto del panorama general. Hay otro aspecto de la alineación del cual me gustaría darte una breve descripción, algo que es crucial para fortalecer, mejorar y apoyar la alineación. Se trata de dos procesos claves llamados *proceso de revisión en equipo* y *proceso de revisión vertical*.

—Bueno, eso suena interesante —dijo Brian—. ¡Dos procesos para obtener resultados! ¿Y cómo encajan en el panorama general?

—En el proceso de revisión en equipo cada gerente líder del equipo de un equipo natural se reúne con sus colaboradores y consulta cómo mejorar el cuadro de desempeño del líder del equipo.

—¡Espera un segundo! —exclamó Brian—. ¿Entonces ellos hablan sobre los indicadores del líder del equipo?

—Así es, y esto es lo que lo hace único. El enfoque es hacia arriba y todos consultan y toman medidas para mejorar los resultados del líder del equipo. Esto hace que la reunión del equipo se centre en el futuro y así el equipo se una en un propósito. El proceso de revisión en equipo remplaza a una gran cantidad de reuniones en los que cada individuo da un informe detallado sobre los resultados obtenidos en el pasado y en donde las otras personas a menudo fingen que están escuchando.

Brian sonrió.

—Me temo que todo esto es muy cierto. Cuéntame entonces, ¿cuál es el proceso de revisión vertical?

—El proceso de revisión vertical es el otro lado de la moneda. En este proceso, el gerente y un colaborador directo se reúnen cara a cara para revisar el informe de enfoque del colaborador. El gerente le proporciona el coaching que le permita al colaborador ser más competente y exitoso. Con el proceso de revisión vertical cada colaborador recibe la atención que necesita, y cada indicador recibe el tratamiento que requiere.

—En muchas organizaciones —continuó—, la gente

tiene una revisión anual del desempeño y esa es una de las pocas ocasiones en la que los jefes dan un verdadero vistazo a su desempeño.

Brian asintió en señal de que coincidía con el Infoman.

—Con el proceso de revisión vertical, el líder está realmente involucrado en el día a día y comprometido a que su colaborador tenga éxito. Con esto se le da un gran impulso a la productividad.

—Mensualmente tenemos reuniones para evaluar los resultados —comentó Brian—, pero esto parece ir mucho más allá.

—Precisamente. Según mi experiencia, en las reuniones mensuales para evaluar resultados (a veces llamadas prácticas de gestión), se suele tener la idea de que "obtienes resultados o estás despedido". Con los procesos de revisión en equipo y los procesos de revisión verticales se obtienen mejores resultados puesto que son complementarios entre sí y les prestas una atención crucial a los elementos claves del desempeño: Tu gente.

—Cuando se combinan los dos procesos, el proceso de revisión en equipo que tiene un enfoque ascendente, y el proceso de revisión vertical que tiene un enfoque descendente, se crea una cultura en la que el desempeño que sustenta la alineación logra amplificarse.

El Infoman continuó:

—La Revisión de Equipo y la Revisión Vertical juntas juegan un papel vital en la mejora del desempeño de los indicadores que surgieron del lado izquierdo del Mapa de Alineación. Aunque también ayudan en la ejecución de sus iniciativas estratégicas que están en el lado derecho del Mapa de Alineación; deben complementarse con dos procesos análogos para garantizar una excelente ejecución de la estrategia. Los dos procesos análogos son: Revisión de Equipo de Proyecto y Revisión Vertical de Proyecto.

—¿Cuál es la diferencia entre la Revisión de Equipo y la Revisión de Equipo de Proyecto? —preguntó Brian.

—Los participantes en los dos espacios son diferentes —dijo el Infoman—. Y las conversaciones también lo son. En la Revisión de Equipo de enfoque ascendente, los participantes son el equipo natural, el/la gerente y los colaboradores directos, e invitados que representan los factores críticos de influencia (FCI) relacionados con un factor crítico de éxito (FCE), que será objeto del desarrollo de un plan de acción. En la Revisión de Equipo de Proyecto, los participantes son el propietario del Índice de Proyecto de Éxito (IPE) y los propietarios del Índice de Proyecto de Influencia (IPI). El propósito de la primera es mejorar el desempeño del FCE. El propósito de la segunda es mejorar la ejecución de la iniciativa estratégica (IPE).

—¿Qué pasa con la Revisión Vertical de Proyecto? —preguntó Brian.

—Esa es análoga a la Revisión Vertical. Es una reunión regular, donde el equipo del proyecto, es decir, los propietarios del IPE y los IPI presentan el avance de su proyecto a otras personas de influencia, como los propietarios del IPG o los propietarios del IIG. Los clientes asignados al proyecto también están invitados a escuchar, hacer preguntas y luego ingresar su evaluación del progreso del proyecto en TOPS.

—Humm... —exclamó Brian—. Suena interesante y bastante completo. Déjame ver si entendí tu modelo de gestión. Hay cuatro procesos de gestión, dos de los cuales están relacionados con la mejora de los indicadores en el lado izquierdo del Mapa de Alineación, y dos están relacionados con la ejecución de los proyectos estratégicos en el lado derecho del mapa. Los cuatro procesos juntos están diseñados para impulsar los resultados.

—Exactamente —dijo el Infoman—. Los cuatro procesos están completos, alineados y son congruentes. Si implementan este modelo de gestión, ello puede eliminar la mayoría de las demás reuniones que tienen lugar en la organización. Pero deben implementarlo de manera sistemática y prestar atención al impacto cultural de la iniciativa de cambio. Además, necesitarán convertirse en el mejor ejemplo de participación en los cuatro procesos. Cuando se implementa, deberían poder observar una caída general en el tiempo que sus gerentes pasan en reuniones en comparación con las reuniones actuales, donde a menudo las personas equivocadas o demasiadas personas podrían asistir con agendas que podrían no ser específicas y un seguimiento que podría no ser sistemático.

—Puedo ver eso —dijo Brian—. Solo me quedo pensando en quién podría impulsar la implementación de estos cuatro procesos dentro de nuestra organización.

—Tenemos que tener un gestor de proyectos de alto nivel —dijo el Infoman— que pueda garantizarnos el éxito en este proceso de gestión.

—¡Ya lo sé! Estoy pensando en Paul Harris para que asuma este cargo. Él es uno de nuestros directores. Tiene una sólida formación en estrategia, medición y gestión del cambio. Voy a conversar con él y que me diga si le gustaría liderar este proyecto.

—Sería estupendo si él aceptara. Le ayudaremos a preparar la organización obteniendo tres requisitos previos importantes: información, aptitudes y cultura.

—¡Suena emocionante! Ahora, ¿qué tal algo de postre?

CAPÍTULO 9

Información

David Anderson, el nuevo director general de TechCorp, y Brian Scott, su jefe, volaban a casa después de asistir a una convención de la industria. David era un hombre alto, rondaba los cuarenta, su cabello era rubio y corto, y tenía ojos castaños. Había sido contratado después de meses de buscar al candidato ideal. Brian había quedado impresionado con sus credenciales, su experiencia y su actitud positiva y dispuesta.

Pero para David su primer mes en TechCorp había sido difícil. Lucía demacrado pues había tenido que trabajar cada vez más horas en un esfuerzo por entender a fondo las exigencias de su nuevo cargo. Brian percibió que este nuevo integrante de su equipo se estaba sintiendo agobiado e hizo el viaje para pasar tiempo con él y proporcionarle apoyo. Pero a final de cuentas, habían estado tan ocupados con varios clientes potenciales durante la exposición, que este vuelo de regreso era la primera vez que podían pasar un tiempo juntos en relativa tranquilidad.

—Parece exhausto —pensó Brian al voltear a ver a David que estaba sentado junto a él, en un vuelo proveniente de Los Ángeles—. Me pregunto qué le está causando tanto estrés.

—¿Cómo te has sentido en el nuevo cargo? —preguntó de modo casual.

David se sintió indeciso. ¿Debía arriesgarse a ser honesto con Brian y quizás obtener ayuda de él o debía fingir que todo estaba bien?

Recordó que su médico le había recomendado descanso y reducir el estrés.

—Bueno, mejor será animarme a hablar —se dijo—. Quizá pueda darme un buen consejo.

—Gracias por preguntar, Brian —comenzó—. Para serte franco, ha habido algunos retos.

—Cuéntame sobre ellos —respondió Brian con una sonrisa cordial—. No soy alguien a quien le intimiden los retos, además sabes que estamos del mismo lado.

—Por supuesto —David empezó a relajarse un poco—. Tal vez espero mucho y trato de lograr demasiado en poco tiempo, pero me he fijado un plazo corto para empaparme de todo lo que está sucediendo en TechCorp. He estado estudiando las finanzas y he pasado mucho tiempo con mi personal. Ha habido progresos. Pero hay problemas persistentes. Cuando solicito información específica la obtengo, pero es más de la que puedo asimilar. Tengo que buscar entre toda la información para encontrar lo que necesito. ¿Tiene sentido?

Las palabras de David hicieron recordar a Brian sus propios sentimientos de sentirse abrumado cuando recién había tomado el puesto de director general de XCorp.

—Bueno, ¡has resuelto un misterio! —dijo Brian.

—Qué extraña respuesta —pensó David—. ¿Cuál? —preguntó.

—Has resuelto el misterio de por qué me resultas tan familiar. Tú eres yo hace cinco años —dijo Brian—. Dime, ¿no te ha contactado Paul Harris?

—¿Quién es Paul Harris?

—Es el gerente de proyectos para nuestro sistema de

alineación —respondió Brian—. De verdad creo que él tiene la solución para tus problemas.

—Ah, sí, dejó algunos mensajes —dijo David—, pero no he tenido tiempo de verlo.

—Bueno, ¡pues date un tiempo! Además, necesito ponerte al corriente de los retiros de trabajo, en el transcurso de los cuales hemos alineado la responsabilidad con nuestra visión y estrategia de grupo.

—Me gustaría enterarme de ello. Y por supuesto veré a Paul Harris, cuando regrese.

David volvió a la lectura del periódico mientras Brian dormía una siesta.

—¿Cómo puede esta persona tener la solución para mi problema? —pensaba David—. Bueno, lo que diga el jefe. Tal vez valga la pena intentarlo.

Al día siguiente, David le envió un correo electrónico a Paul.

—Siento no haber estado disponible. ¿Cuándo puedes venir a verme?

Paul le contestó que podía estar con él a las 10 a.m. del día siguiente. David confirmó la hora y después se fue a una junta que tenía con su director financiero.

Paul llegó puntualmente a la mañana siguiente. Todo lo que llevaba consigo era su computadora portátil. Sonrió mientras estrechaba firmemente la mano de David.

—Me siento un poco raro —empezó a decir David—, porque, para serte franco, no sé por qué estás aquí, más allá del hecho de que yo te pedí que vinieras. Quiero decir...

—Lo que quieres decir —interrumpió Paul afablemente— es que te estás preguntando por qué demonios Brian te pidió que me vieras, ¿cierto?

—En una palabra, sí —respondió David.

Ambos rieron.

—Bueno, hace como cinco años Brian estaba en una

situación muy similar a la que supongo te encuentras tú ahora. "Sobrecarga de información", ¿cierto?

—Nunca pensé exactamente en esa frase, pero creo que describe muy bien mi situación —contestó David con una expresión de curiosidad.

Paul continuó.

—Cuando Brian estaba batallando con demasiada información de demasiadas fuentes, tratando de averiguar "qué estaba sucediendo" y de separar los datos importantes de los menos importantes, le ayudó un sistema llamado *Administración en una página.* Implementó este sistema en XCorp, que ahora es XCorp US, y el sistema aún está en funcionamiento. Ahora tengo el cargo de director de proyectos para difundir los conceptos desarrollados en *Administración en una página* y la evolución de estos en el proceso de alineación.

—¿Qué es exactamente la Administración en una página o el proceso de alineación y cómo puede ayudarme? —preguntó David—. He reservado una hora; si dispones de ese tiempo, sería genial.

—Seguro —contestó Paul—. De hecho, me apasiona hablar de esto.

Se sentó cómodamente en una silla y sacó su computadora portátil.

—La Administración en una página se basa en la premisa de que la información que es más importante para tu trabajo debe llegar a ti automáticamente, sin que tengas que pedirla. Una vez que tienes la información básica, entonces necesitas solicitar información de respaldo adicional mediante un software fácil de usar. Lo que cada persona necesita recibir automáticamente es, por supuesto, la información acerca del estado de sus *iniciativas* y los *factores críticos de éxito.* ¿Me sigues hasta aquí?

—¿A qué te refieres con factores críticos de éxito e iniciativas? —preguntó David.

—Como resultado de un proceso de definición de responsabilidades que fue iniciado en el equipo de Brian, cada persona en la organización es ahora responsable por una serie claramente definida de iniciativas estratégicas e indicadores de procesos. Los factores críticos de éxito se refieren a los indicadores de procesos de los cuales es responsable una persona. En otras palabras, el éxito de esa persona se mide a partir de esos indicadores.

David asintió.

—Tomamos estos factores —continuó diciendo Paul— y los ingresamos en un cuadro de desempeño individual para cada gerente al cual llamamos Informe de Enfoque. El sistema compara automáticamente el estado de los indicadores del Informe de Enfoque con los objetivos de cada mes y un segundo informe de una página llamado el Informe de Retroalimentación es generado para el gerente. Después el Informe de Retroalimentación para todos los individuos le permite al sistema producir un tercer informe para los gerentes. Como resultado, cada gerente recibe tres informes que reducen su sobrecarga de información: un Informe de Enfoque, un Informe de Retroalimentación y un Informe de Gestión.

—El Informe de Enfoque —continuó Paul— te ayuda a autoadministrarte. El Informe de Retroalimentación te ayuda a enfocarte aún más en las buenas noticias y las noticias acerca de tu desempeño.

—Ahora, el que realmente te va a emocionar es el Informe de Gestión. Este te dirá cómo se están desempeñando tus colaboradores directos e indirectos en todos sus indicadores. El propósito de este informe es la Gestión por excepción, tanto positiva como negativa. Las personas que tengan un desempeño dentro del rango aceptable no aparecerán en este informe. Pero quienes tengan un desempeño destacado y aquellos que estén experimentando problemas sí aparecerán. Lo bonito es que puedes establecer el criterio de qué tan buena o mala debe ser una excepción para que aparezca en tu informe. Así, por ejemplo, Joe Black, un supervisor, podría tener un gran problema con las devoluciones. Tiene un par de semanas o de meses para resolverlo. Si no lo hace, entonces llegará a la atención de su jefe. El jefe tiene un plazo determinado para ayudar a Joe a resolver el problema. Si el problema continúa, entonces lo verá el siguiente nivel superior, y así sucesivamente. Si es un problema realmente serio y nadie tiene la respuesta, entonces es necesario que tú tengas conocimiento del mismo. Tal vez se trata de un problema sistemático que escapa del control del pobre Joe Black, a quien se le carga la culpa. Cuando el problema ya queda en evidencia, sabes que todos han hecho su mejor esfuerzo por resolverlo, así que ahora tienes la oportunidad de intervenir para encontrar la solución.

—¿Estás tratando de decirme que sabré lo que está pasando con todos y cada uno de mis subalternos en todo TechCorp, y que seré alertado cuando se presente un problema, aun cuando suceda cuatro niveles debajo del mío?

—Exactamente, y no solo eso, también recibirás las buenas noticias. ¿Sabes qué tan a menudo sucede en las organizaciones que el jefe se lleva el crédito y el subordinado la culpa? Bueno, pues eso no pasa con la Administración en una página porque el desempeño es transparente, tanto el sobresaliente como el deficiente.

—Esto es increíble. De hecho parece demasiado bueno para ser cierto.

—Sí, es increíble. Y también es cierto.

—¿Y quiénes elaboran estos informes? —preguntó David.

—El software lo hace automáticamente —respondió Paul—. Una aplicación web está instalada en nuestro servidor que se alimenta de información de todas nuestras bases de datos. Este software permite que todos los informes queden a disposición de nuestros gerentes a través de nuestra intranet.

David continuó:

—Tu organización ya se encuentra en un proceso de definición de responsabilidad y establecimiento de metas. Ahora estamos introduciendo todos los datos en TOPS, que significa The One Page Software (El Software de Una Página). ¡Cuando todas las definiciones y los datos queden cargados en TOPS podrás hacer tu trabajo con tres informes de una página y tendrás la seguridad de saber si está sucediendo algo crítico en la organización!

Paul se reclinó en su asiento con una sonrisa. Le encantaba ver la expresión de incredulidad en la cara de las personas cada vez que explicaba el sistema.

—Tengo aquí algunos ejemplos de informes del señor Scott. Me permitió mostrártelos como un ejemplo concreto. ¿Te gustaría verlos?

—Por supuesto —dijo David.

Paul le mostró el Informe de Enfoque de Brian que había resultado de la sesión de responsabilidad de los altos ejecutivos de Grupo XCorp (véase Gráfico 24).

David dedicó unos minutos a examinar el informe. Confirmó los resultados de la orientación dada por su jefe cuando descubrió que EVA y DPA tenían entre ambos un peso combinado del 40%. Sin embargo se preguntó por qué Brian había elegido estos indicadores en particular de los cientos que se miden en la empresa.

—¿Cuál será el criterio que Brian usa para elaborar este reporte? —preguntó Paul.

—Alineación —fue la respuesta—. Este reporte está alineado con la visión y la estrategia en el sentido de que las dos primeras columnas corresponden exactamente a las dos primeras columnas de una hoja de alineación de Excel que llamamos el Mapa de Responsabilidad desarrollado durante la definición de la responsabilidad por el equipo de Brian. Esto tuvo lugar antes de que ingresaras a la compañía. La tercera columna de este reporte nos muestra el tipo de factores asignado a Brian. La cuarta columna contiene el peso relativo

INFORME DE ENFOQUE DE BRIAN SCOTT - PERÍODO QUE TERMINA EL 30 DE JUNIO

Elementos de visión	Factores Críticos o Iniciativas	Tipo	Peso	Estatus	Meta Mínima	Meta Satisfactoria	Meta Sobresaliente	Tendencia
Tamaño del grupo XCorp	Ventas totales en miles de millones de dólares	FCG	20	8.5	9	12	14	No
Tamaño del grupo XCorp	Desarrollar e implementar un plan para maximizar las sinergias para aumentar las ventas	IPG	20	87	85	90	95	No
Cobertura grupal	Desarrollar e implementar un plan para maximizar la cobertura en todo el mundo	IPG	10	80	85	90	95	No
Alto Valor para los Accionistas	EVA en miles de millones de dólares	FCE	30	0.04	0.02	0.03	0.10	Buena
Alto Valor para los Accionistas	EPS	FCE	20	30	35	40	50	No

Gráfico 24

146

de los factores que designan su importancia en relación con el avance de la estrategia de Brian. Las otras cuatro columnas muestran el estado actual del factor para el período que termina el 30 de junio junto con tres niveles de objetivos: mínimo, satisfactorio y sobresaliente. La última columna refleja la tendencia haciendo uso de los datos históricos para el factor.

—Estoy seguro de que Brian te pondrá al día acerca de los retiros de trabajo que hemos realizado antes de que ingresaras a nuestra empresa —continuó Paul—. Cuando esto haya sucedido, verás cómo hay una alineación precisa en este reporte en lo que corresponde a la visión y a la estrategia. Él te explicará algunos términos con los que aún no estás del todo familiarizado.

David estaba intrigado. Este informe le mostraba lo que era importante para Brian. Sabía que lo que era importante para su jefe también sería importante para él.

—¿Me podrías enviar a mi correo una imagen de pantalla de este informe? —preguntó.

—Creo que deberías pedirle a Brian que lo haga —respondió Paul—. Me alegra que este informe de enfoque haya captado tu atención. ¿Te gustaría ver el segundo informe?

—Sí, por favor.

—Veamos un ejemplo del segundo informe, el de retroalimentación (véase Gráfico 25).

—Observa cómo se separan las excepciones positivas y las negativas. El estado actual de cada fila del Informe de Enfoque ha sido analizado en relación a los objetivos descritos en el software.

Paul prosiguió:

—Si el estado estaba mejor que el objetivo satisfactorio, aparecía en la parte superior de este segundo informe y, si estaba por debajo del nivel mínimo, aparecía en la parte inferior de este informe. Además este informe incluye el número de períodos consecutivos de excepción y si la excepción había sido reportada a los niveles superiores de la

Informe de Retroalimentación para Brian Scott
Período que termina el 30 de Junio

Bueno: usted ha alcanzado sus objetivos						
Factores Críticos o Iniciativas	Tipo	Estatus	Meta Satisfactoria	# de períodos seguidos	Excepción reportada a	Tendencia
EVA en miles de millones de dólares	FCE	0.04	0.03	2	Junta directiva	Buena
Tiene solución creativa						
Factores Críticos o Iniciativas	Tipo	Estatus	Meta Satisfactoria	# de períodos seguidos	Excepción reportada a	Tendencia
Ventas totales en miles de millones de dólares	FCG	0.85	0.9	1	Nadie	No
EPS	FCE	30	35	1	Nadie	No
Desarrollar e implementar un plan para maximizar la cobertura en todo el mundo	IPG	80	85	1	Nadie	No

Gráfico 25

organización. En el caso de Brian, el director general, las excepciones no se reportaron a los niveles superiores.

—¿Cómo respondió Brian al ver este informe en el que había tres excepciones negativas? —preguntó David.

—Positivamente —respondió Paul—. Por supuesto que no está contento con el desempeño tan deslucido de estos tres indicadores, pero está dispuesto a recibir las conclusiones negativas más significativas para poder encararlas.

David reflexionó profundamente sobre las posibles acciones que Brian pudiera concebir con el fin de eliminar las excepciones negativas y convertirlas en positivas. Paul rompió ese momento de silencio y le preguntó:

—¿Te gustaría ver su informe de gestión?

—Sí, claro.

—Ahora, para mostrarte un ejemplo del Informe de Gestión de Brian, necesitamos revisar el organigrama de la compañía así como la estructura básica de este informe. Aquí está el organigrama.

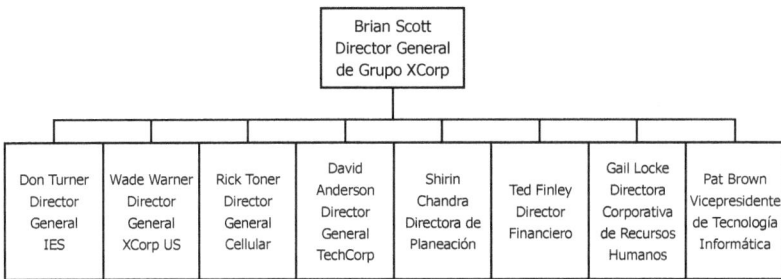

Brian Scott Director General de Grupo XCorp

Don Turner Director General IES	Wade Warner Director General XCorp US	Rick Toner Director General Cellular	David Anderson Director General TechCorp	Shirin Chandra Directora de Planeación	Ted Finley Director Financiero	Gail Locke Directora Corporativa de Recursos Humanos	Pat Brown Vicepresidente de Tecnología Informática

Gráfico 26

—Como bien sabrás, Brian cuenta con ocho personas que reportan directamente a él, cuatro directores generales de empresa y cuatro directores de *staff* —continuó Paul—. Ahora, permíteme explicarte la estructura del Informe de Gestión. Hay cuatro zonas en este informe, como se muestra en el siguiente diagrama —dijo Paul.

Informe de Gestión

Personas que le reportan indirectamente varios niveles por debajo de usted	Personas que le reportan, directamente un nivel por debajo de usted
Zona 1: Positiva Puntos a resaltar de desempeño excelente de personas que están varios niveles por debajo de usted	Zona 2: Positiva Zona positiva a resaltar y detalles de buen desempeño de colaboradores directos
Zona 3: Negativa Puntos a resaltar de problemas de desempeño crónico de personas que están varios niveles por debajo de usted	Zona 4: Negativa Puntos a resaltar y detalles de problemas de desempeño de colaboradores directos

Gráfico 27

—Las cuatro zonas se agrupan en dos secciones: el lado derecho y el lado izquierdo. El lado derecho está reservado para las excepciones que provienen de personas que reportan directamente a ti. El lado izquierdo está reservado para las excepciones que provienen de personas que reportan indirectamente a ti, más de un nivel por debajo de tu cargo. Ahora, este es el Informe de Gestión —dijo Paul—. Desde luego, tengo el permiso de Brian para mostrártelo (véase Gráfico 28).

David se tomó un buen rato para examinar este informe. Lo primero que hizo fue echar un vistazo al lado derecho de la tabla. Se alegró al descubrir que su nombre estaba en el lado positivo del informe y al confirmar que acertaba en su propia evaluación de que su área no se estaba desempeñando mal en EVA. Para su alivio, su nombre no aparecía en la zona negativa en el lado derecho de esta tabla. Se sorprendió al ver solo unos pocos nombres en la parte derecha de este informe.

—El organigrama nos muestra a ocho personas que le informan directamente a Brian —comentó—. ¿Cómo se entiende que solo cuatro nombres aparezcan en el lado derecho de este informe?

—Excelente pregunta —respondió Paul—. Los indicadores sobre los informes de enfoque de los otros se encuentran en la zona prevista, es decir entre los niveles mínimos y los satisfactorios. Si hubo excepciones negativas o positivas en su Informe de Retroalimentación, es probable que las excepciones hayan sido excepciones por primera vez, y las excepciones que ocurren por primera vez no alcanzan a aparecer en los informes de gestión.

La explicación era muy razonable. David miró en el lado izquierdo del informe, pero no pudo reconocer a ninguna persona de la lista. Paul señaló que el lado izquierdo mostraba excepciones recurrentes de personas que reportaban indirectamente a Brian de alguna de las empresas propiedad del Grupo XCorp.

David estaba realmente impresionado.

—¿Con qué frecuencia recibiría estos informes?

—Pueden ser mensuales, semanales o diarios, según sea necesario. En tu nivel, probablemente sería mensual.

Informe de Gestión de Brian Scott – Período que termina el 30 de junio

Buenas noticias de personas de varios niveles debajo de usted			Buenas noticias de personas que le reportan directamente						
Nombre	Factores Críticos o Iniciativas	# de períodos seguidos	Nombre	Factores Críticos o Iniciativas	Tipo	Estatus	Meta Satisfactoria	# de períodos seguidos	Tendencia
John Daley	Índice de satisfacción del servicio al cliente - XCorp US	8	Don Turner, TechCorp	EVA TechCorp	FCE	0.026	0.025	3	Buena
Arnold Turner	$ desperdicios	10	Christine Adams, IES	% de crecimiento en ventas repetidas	FCG	25	20	5	Buena

Retos de personas de varios niveles debajo de usted			Retos de personas que le reportan directamente						
Nombre	Factores Críticos o Iniciativas	# de períodos seguidos	Nombre	Factores Críticos o Iniciativas	Tipo	Estatus	Meta Satisfactoria	# de períodos seguidos	Tendencia
Kit Bowers	Ventas de Región NE - XCorp US	7	Shirin Chandra	Analizar el potencial actual para el crecimiento natural ...	IPE	75	85	3	No
Tony Rowe	Índice de satisfacción del servicio al cliente- IES	10	Ted Finley	Establecer y gestionar un fondo para proporcionar apoyo financiero a las empresas...	IPE	78	85	4	Malo

Gráfico 28

¿Te gustaría ver un par de características del software que se utiliza para generar los informes?

—¡Seguro! —exclamó David.

—Bueno, permíteme mostrarte un par de cosas que te van a gustar.

Paul le mostró que haciendo clic en cada entrada del informe se desplegaba más información acerca de ese elemento. Al hacer clic en la tendencia de un FCE, por ejemplo, se desplegaba un gráfico mostrando el desempeño de todos los meses del año actual sobrepuesto al desempeño del año anterior. Al hacer clic en el nombre de un individuo aparecían la foto y los datos principales sobre esa persona.

Después de 15 minutos de mostrarle a David algunas características del software, Paul se levantó para marcharse.

—Es mejor que me marche. Tengo otra reunión dentro de unos minutos. El siguiente paso es que asignes un equipo interno que trabaje con nosotros, y ese equipo debe incluir una persona que se encargue de los datos estadísticos. Podemos tener incluida tu organización dentro del sistema en un par de semanas y luego vamos a tener que trabajar para que se suba y quede disponible toda la información.

—Sabrás de mí mañana por la mañana —respondió David—. Esta herramienta me va a ser de gran utilidad. Muchas gracias por venir y compartir tu tiempo conmigo.

—Con mucho gusto —dijo Paul—. Dime, ¿crees que ahora sí cuentas con una solución para la sobrecarga de información? —preguntó con una sonrisa en su rostro.

—Nunca lo hubiera creído, pero sí, es verdad. Gracias de nuevo.

CAPÍTULO 10

Aptitudes

Gail Locke llegó a Chicago para asistir a una conferencia de los gerentes de recursos humanos del Grupo XCorp. Se instaló en su habitación y luego subió al segundo piso para liderar una conferencia y asegurarse de que todo estuviera en orden.

A la mañana siguiente treinta gerentes de Recursos Humanos (RH) de todas las compañías de XCorp se congregaron para escuchar algunas de las novedades en el área. Los dos expositores en turno eran excelentes. Después del almuerzo, cuando se reanudó la sesión, Gail presentó a Jane Baker, una colega del Infoman. Su tema era Desarrollo de las Aptitudes.

Jane se levantó y saludó a todos con una cálida sonrisa.

—Espero que disfruten esta sesión y que obtengan un gran provecho de ella —dijo—. Gail me comentó que ya han tenido orientación sobre la alineación con la visión y la estrategia. Hoy nos enfocaremos en analizar el tema de las aptitudes desde una nueva perspectiva y su relación con los factores críticos de éxito. Veamos un esquema del proceso del que hablaremos. Proyectó una diapositiva en la pantalla.

Proceso de cuatro pasos para el mejoramiento de las aptitudes

Paso 1. *Identifique las habilidades críticas.*

Paso 2. *Evalúe los niveles de aptitud.*

Paso 3. *Tenga una conversación de desarrollo.*

Paso 4. *Mejore las habilidades y dé seguimiento.*

—Como todos sabemos nuestra meta es poder mejorar los factores críticos que se encuentren en el informe de enfoque de cada persona. Para ello es necesario mejorar las aptitudes en algunas habilidades fundamentales de cada persona. En el proceso que revisaremos ahora, vamos a hablar acerca de la identificación de las habilidades que se requieren, evaluando el nivel de aptitud para cada una de ellas, y luego de la forma de mejorar esas aptitudes, afectando positivamente el desempeño.

Uno de los participantes levantó la mano y dijo:

—En mi opinión, el nivel de habilidad de una persona puede ser evaluado de una forma sencilla a través de los resultados en el indicador. ¿Por qué seguir estos pasos?

—Buena pregunta —respondió Jane—. En efecto, los resultados de un indicador pueden proporcionar una información bastante exacta del nivel de habilidad de una persona. Sin embargo, esto también podría deberse a otros muchos factores, como un cambio externo, por ejemplo fluctuaciones monetarias, o debido a las acciones de otra persona. Al identificar y evaluar las habilidades fundamentales que se necesitan para el indicador, podemos crear una base de dónde se encuentra la persona actualmente y desarrollar un plan para mejorar las aptitudes.

Paso 1. Identifique las habilidades críticas

Jane continuó:

—Una habilidad es la capacidad de realizar una acción repetible para producir un resultado medible. Nos interesan sobre todo aquellas habilidades que tienen un impacto directo en los factores críticos asignados a una persona. Me voy a referir a ellas como habilidades críticas. Los gerentes estudian los Informes de Enfoque de las personas a las que dirigen y les ayudan a identificar un par de habilidades críticas para su labor. Estas habilidades críticas pueden ser específicas para la industria o generales, dependiendo de los factores críticos.

—Cada habilidad crítica se puede dividir en acciones específicas. Esto permite que la evaluación de la habilidad sea más precisa y significativa. Tomemos la habilidad crítica de realizar una entrevista. Realizar una entrevista se puede dividir en las siguientes acciones o descriptores específicos:

- Explicar claramente los requisitos del trabajo.
- Analizar el currículum del candidato.
- Formular preguntas relevantes.
- Crear un ambiente relajado.
- Reconocer el talento.
- Determinar la idoneidad del candidato para la cultura del puesto.

Jane hizo una pausa para asegurarse de que todos estaban de acuerdo con el concepto de habilidades críticas y los descriptores. Nadie hizo ninguna pregunta o comentario.

Paso 2. Evalúe los niveles de aptitud

—Estoy segura de que ya están familiarizados con muchas técnicas de evaluación de las aptitudes —prosiguió Jane—. Una de esas técnicas consiste en realizar un examen para evaluar la capacitación que ha recibido la persona en determinada habilidad. Otra es observar a la persona cuando aplica la habilidad y calificar su desempeño mediante sofisticadas listas de verificación. Una tercera consiste en identificar los niveles de desarrollo o los niveles de madurez con base en las aptitudes y la motivación. Todos estos métodos pueden ser útiles, pero a menudo también son complejos. Hoy voy a compartir con ustedes un método diferente que es a la vez sencillo y efectivo.

—Una manera práctica para establecer un punto de partida para la mejora de aptitudes consiste en aplicar un esquema de evaluación con dos variables: esfuerzo y supervisión. Yo sugiero que una persona es totalmente apta cuando puede hacer un trabajo de calidad con menos esfuerzo del que requiere una persona equivalente en la industria que se desempeñe satisfactoriamente, y con mínima supervisión.

—Por el contrario —continuó Jane— cuando se requiere un gran esfuerzo para realizar con calidad una tarea dada, o cuando se requiere un alto grado de supervisión, la persona tiene un bajo nivel de aptitud. Aquí está el diagrama para la evaluación de una aptitud, lo que permite un análisis simple y claro.

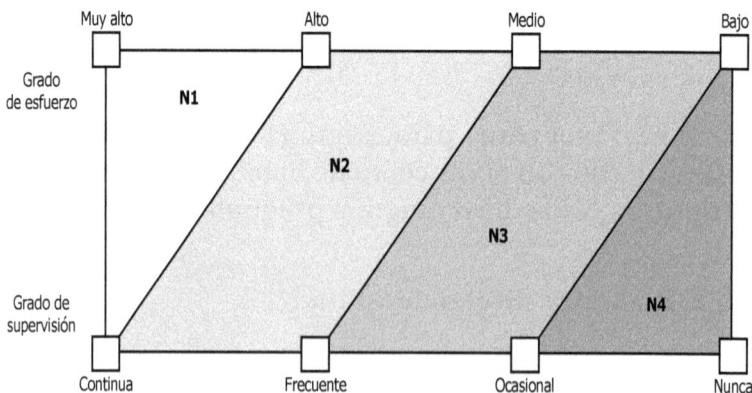

Gráfico 29

Diagrama de Aptitud

—El grado de supervisión que se debe ejercer se basa en lo que necesita una persona, no en lo que se le da. Algunos gerentes proporcionan erróneamente supervisión continua a un colaborador directo que solo necesita supervisión ocasional.

Jane proyectó en la pantalla un resumen de los niveles de aptitudes.

- N1 es un nivel de aptitud muy bajo.
- N2 es un nivel de aptitud bajo.
- N3 es un nivel de aptitud medio.
- N4 es un nivel de aptitud alto.

—Recuerden —advirtió Jane— que solo están evaluando el nivel de aptitud para una habilidad específica. Una persona puede ser altamente apta en una habilidad pero carecer de aptitud en otra. Y un punto más: están evaluando la habilidad, no a la persona. Para entender cómo funciona este modelo, veamos un ejemplo. ¿Alguien puede darnos un ejemplo de una habilidad? —preguntó Jane.

—¿Qué tal la habilidad de realizar una entrevista, la que vimos anteriormente? —sugirió Patrick, un gerente de RH.

—Me parece bien —dijo Jane—. Esto nos ahorrará tiempo porque ya hemos identificado los descriptores. Para evaluar la aptitud de una persona para realizar entrevistas, su jefe utiliza un cuestionario para identificar dos cosas: el nivel del esfuerzo empleado por la persona en una escala de *muy alto, alto, mediano* o *bajo*, y el nivel de supervisión requerido en una escala de *continua, frecuente, ocasional* y *nunca*.

—Pasar las evaluaciones al Diagrama de Aptitud les ayudará a determinar si la habilidad es predominantemente N1, N2, N3 o N4. Por ejemplo, si el nivel de esfuerzo es entre medio y alto y el nivel de supervisión es frecuente, el diagrama nos muestra que la habilidad está en N2.

—¿Qué sucede —preguntó un participante— cuando una persona pone mucho más esfuerzo del necesario y recibe mínima supervisión? ¿Cómo ayudaría el diagrama a determinar su nivel de aptitud? ¿Cuál sería su nivel de aptitud?

—Buena pregunta —contestó Jane—. Cuando surge la situación que acabas de plantear, el gerente y su colaborador directo tienen que analizarla usando el Diagrama de Aptitud como guía para llegar a un nivel aceptable de aptitud. En esta situación, se descartaría que fuera N4 debido al alto nivel de esfuerzo. Respecto a la ausencia de supervisión, si la persona realmente la necesita y no la está obteniendo porque su jefe no tiene tiempo, entonces el nivel de habilidad podría ser N2 o incluso N1. El diagrama proporciona un marco de referencia para la conversación, una guía para determinar el nivel de aptitud.

Paso 3. Tenga una conversación de desarrollo

—La razón para la evaluación de aptitud inicial es la de proporcionar información para la conversación de desarrollo —prosiguió Jane—. La conversación de desarrollo es un diálogo entre un gerente y su colaborador directo para discutir el desarrollo de las habilidades: establecer el nivel inicial y pasar de un nivel de desarrollo al siguiente. Obviamente hay una conversación inicial y una conversación posterior de seguimiento. Ahora estamos hablando de la conversación inicial. Ya luego aprenderán que esta conversación se vuelve parte integral del proceso al que llamamos proceso de revisión vertical, que es una sesión periódica y personal entre jefe y colaborador. En el proceso de revisión vertical, la discusión se centrará en los planes que hayan desarrollado en la primera conversación, el aprendizaje que resultó de sus acciones y los ajustes que sean necesarios para mejorar su plan.

—Una hoja de aptitudes sirve para enfocar la conversación inicial. En esta hoja se anotan todas las habilidades

críticas evaluadas de una persona, mostrando tanto la evaluación del jefe como la autoevaluación. Proporciona una
agenda para discutir las razones detrás de las diferencias
entre las dos evaluaciones, si es que existen.

Jane mostró un ejemplo de la hoja de aptitudes (véase
Gráfico 30).

Habilidad crítica	Evaluación		Nivel acordado	Plan de Desarrollo	Fecha límite
	Por cuenta propia	Jefe			

Gráfico 30

—Esta hoja facilita la comunicación. El personal puede
usarla para anotar la evaluación de sus propias habilidades
así como la evaluación de su jefe. Más del 80% de las veces,
ambas evaluaciones son idénticas. En las demás situaciones,
el modelo da lugar a un importante diálogo, y permite al
jefe y al colaborador directo llegar a un acuerdo sobre el
nivel inicial para la habilidad establecida.

Paso 4. Mejore las habilidades y dé seguimiento

Jane continuó:
—El plan para el desarrollo de las habilidades le ayudará al colaborador directo a mejorar la habilidad y pasar al siguiente nivel de desarrollo. Las habilidades se mejoran *adquiriendo conocimiento, aplicando ese conocimiento, recibiendo retroalimentación y aplicando esa retroalimentación.*

—Adquirir conocimiento —prosiguió Jane— ahora es mucho más fácil que antes. Internet es un recurso invaluable. Adicionalmente, se pueden desarrollar cursos internamente en una empresa. Claro que el conocimiento también se puede adquirir de un mentor o de un experto. La práctica viene después del conocimiento, y va seguida de la retroalimentación. Se recibe retroalimentación de parte de una persona calificada que observa la aplicación de esa habilidad. La retroalimentación debe ser inmediata, continua y sincera, ya sea positiva o negativa. Cuando se aplica la retroalimentación que recibes, aumentan tu nivel de aptitudes y tu aprendizaje. A través del ciclo continuo de aprendizaje –acción, retroalimentación y la acción que surge de la retroalimentación– se llega a niveles cada vez más altos de competencia.

Al tiempo que los participantes reflexionaban sobre lo que Jane estaba diciendo, Gail Locke levantó la mano.

—Este modelo asume que los resultados en la mejora de las aptitudes es el resultado de la implementación de planes desarrollados por un colaborador y su jefe. Tal pareciera que se le estuviera quitando la responsabilidad del desarrollo de aptitudes al departamento de recursos humanos y se la estuviera entregando a los superiores inmediatos. Para ser honestos, esta idea resulta bastante amenazante.

—No debería ser una amenaza, puesto que el modelo promueve las metas que los departamentos de recursos humanos han tenido durante años. En realidad estamos quitándoles ese dolor de cabeza, y de hecho asignando la responsabilidad a cada individuo, con una responsabilidad secundaria para su jefe. El departamento de RH se convertiría en una influencia indispensable para apoyarlos en el proceso de mejora de aptitudes. En realidad, debería ser un gran alivio para su departamento —comentó Jane.

Con estos comentarios, y después de responder algunas preguntas, Jane cerró la sesión.

❖ ❖ ❖

Grace Palmieri, directora de Recursos Humanos de XCorp US, se aproximó a Jane. Grace había tomado el puesto de directora de RH de XCorp US a la edad de 27 años y había mostrado creatividad, decisión y visión a futuro.

—Lo que tú has dicho suena muy bien —dijo Grace—. Pero por favor discúlpame si soy franca. En este cargo de directora de Recursos Humanos se me han presentado cientos de planes destinados a hacer frente a los mismos objetivos que acabas de describir ¿por qué tu plan sería mejor que cualquiera de ellos?

Jane escuchó con atención los comentarios de Grace.

—El hecho de que haya cientos de planes, como tú dices, nos indica que hay problemas con todos ellos. Probablemente parezcan elegantes, pero les falta eficacia cuando se aplican en el campo.

—¿Entonces, ¿qué distingue el plan que has descrito de aquellos otros que ya disponemos? —preguntó Grace.

—Dos cosas —respondió Jane—. En primer lugar, el plan que he descrito alinea las aptitudes con los indicadores de desempeño de cada individuo, y en segundo lugar, funciona muy bien en el campo.

—¿Cómo puedo tener la seguridad de que va a funcionar bien aquí? Nuestra situación es realmente compleja y única —dijo Grace.

—Una manera de asegurarse es llevar a cabo una prueba en una de las áreas.

Las objeciones de Grace eran sinceras puesto que ella estaba muy interesada en una metodología que pudiera mejorar las aptitudes y quería creer que el plan de Jane funcionaría. Invitó a Jane para hacer una prueba en el proceso de mejora de aptitudes en uno de los equipos naturales en XCorp US.

❖ ❖ ❖

Grace seleccionó un equipo de ventas de XCorp US para llevar a cabo una prueba del proceso de mejoramiento de las aptitudes. La supervisora de ventas era Amanda Watson, una mujer competente de mediana edad.

Jane facilitó el proceso de cuatro pasos para el mejoramiento de las aptitudes para el equipo de ocho personas de Amanda. Luego se ofreció a acompañar a Amanda durante las conversaciones de desarrollo con sus colaboradores directos y proporcionar retroalimentación.

—Voy a observarte durante la conversación y voy a orientarte donde lo necesites. Actuar como facilitador durante estas conversaciones requiere en sí un conjunto de habilidades.

Amanda agradeció el ofrecimiento de parte de Jane. Grace decidió que ella también asistiría como observadora.

—He preparado una lista de descriptores para facilitar la conversación de desarrollo —dijo Jane—. Echémosle un vistazo.

Conjunto de habilidades necesarias para conversaciones de desarrollo efectivas

1. Hacer que el colaborador se sienta cómodo y responder a sus inquietudes.
2. Facilitar el ajuste de cualquier diferencia en la evaluación.

3. Alentar al colaborador directo a que tome la iniciativa en el desarrollo.
4. Enfocarse en las necesidades de desarrollo.
5. Proporcionar apoyo para el desarrollo.
6. Comunicar las expectativas sobre el mejoramiento de las aptitudes.

—Bueno, parece bastante sencillo. Estoy dispuesta a intentarlo —comentó Amanda.

—¿Para cuándo está programada tu primera conversación? —preguntó Jane.

—Para mañana. Tengo varias programadas a partir de las 10 a.m.

—Muy bien. Te veré.

Jane se despidió y se fue. A las 10:00 de la mañana siguiente, Amanda sostuvo su primera conversación con Joyce, una de sus vendedoras. No se dio exactamente como la había planeado, ya que ella dominó la charla e intimidó a Joyce. Amanda también se dio cuenta de que con suma facilidad dejaba de lado los aspectos de desarrollo para discutir problemas de trabajo y pedir soluciones.

La retroalimentación que Jane le proporcionó fue que tratara de mantener la conversación centrada en el desarrollo. Le recordó que debía permitir que sus colaboradores directos concibieran sus propios planes de desarrollo y que entonces los animara y apoyara en su implementación. Esa retroalimentación fue muy útil. La segunda conversación de Amanda, con Greg, fue mejor.

Jane se volvió hacia Grace y le dijo:

—Este fue un comienzo aceptable.

—Las conversaciones que sostuvo pudieron ser mejores —dijo Grace.

—Tienes razón. Pero a medida que las habilidades de Amanda mejoren también sus conversaciones lo harán. No te preocupes, vas a ver cómo va progresando, dijo Jane sonriendo.

Jane proporcionó retroalimentación a Amanda para una segunda conversación, reforzando lo que había hecho bien y lo que podía mejorar. Ambas revisaron los descriptores sobre la habilidad de facilitar el desarrollo de una conversación y Jane respondió varias preguntas. Amanda se sintió más cómoda.

Se escuchó un golpe en la puerta. Había llegado la siguiente persona programada. Amanda estaba particularmente nerviosa por la siguiente conversación con Tony De Luca, a quien consideraba una persona de trato difícil.

—Veamos qué tal le va en esta —le susurró Jane a Grace.

Tony era un vendedor con una elevada opinión de sí mismo, pero que en realidad realizaba su trabajo apenas dentro de lo aceptable. Dirigir a Tony había sido todo un reto para Amanda. Cada vez que Tony salía a realizar una venta, al regresar le decía a Amanda el excelente trabajo que había hecho y lo maravillada que había quedado la gente con su presentación. No obstante sus ventas eran escasas. Aunque Amanda había trabajado estrechamente con Tony durante los últimos meses y su intervención le había ayudado a realizar ventas importantes, él atribuía el éxito a su propio esfuerzo.

Un día antes, Amanda y Tony habían acordado que las habilidades primordiales que requerían los FCE de Tony eran: habilidades para calificar, habilidades de redacción, habilidades de presentación y habilidades para cerrar ventas. Amanda había evaluado el conjunto de habilidades de Tony usando el cuestionario que Jane le proporcionó de la siguiente forma:

1. Calificar prospectos   N2
2. Redacción   N1
3. Presentación   N3
4. Cierre de ventas   N1

Tony se había evaluado a sí mismo como N4 en todas usando el mismo cuestionario. Amanda le dio la bienvenida a Tony y le pidió que tomara asiento.

—Ahora que has tenido oportunidad de ver mi evaluación de tus habilidades, ¿qué piensas, Tony?

Tony se sintió en aprietos. Le tomó algunos segundos recuperarse.

—¿Puedo ser franco?

—Por supuesto —dijo Amanda.

—Creo que este método de evaluación es muy simplista y no tiene sentido. Soy completamente apto en todas las habilidades de las que hablamos. Si necesitas una prueba, ve la venta que hice el mes pasado. Esa venta fue mayor que la de cualquier vendedor de la compañía. Entonces, ¿por qué necesito desarrollo? Si me dejas seguir tranquilo, puedo hacerlo bien.

—Comencemos comparando mi evaluación con la tuya —respondió Amanda—. ¿Cómo evaluaste tus habilidades de redacción? —le preguntó.

—N4 —contestó Tony.

—Correcto. Yo te di N1 —dijo Amanda—. Esto muestra que tenemos una diferencia de opinión, así que vamos a tratar de entender el punto de vista de cada uno. ¿Por qué piensas que redactas bien?

—Bueno —dijo Tony— nadie se ha quejado de las cartas que envío, y realmente me gustan las cartas que escribo.

—Permíteme decirte por qué te di un N1 en redacción. Esta habilidad requiere buena composición, buena gramática, brevedad y enfoque. Tú pasas una enorme cantidad de tiempo redactando cartas de ventas. Te he visto sentado frente a tu computadora durante horas. Aun así he tenido que revisar cada carta que has escrito antes de que sean enviadas. En algunos casos he tenido que reescribirlas completamente. Como tienes que poner mucho esfuerzo y constantemente necesito revisar tu redacción, considero que tu nivel en esta habilidad es N1.

Tony miró el diagrama de aptitudes que Jane les había dado. Pensó en lo que su jefa le estaba diciendo. Ella estaba en lo cierto.

—¿Pero cómo puedes estar segura de que este método de evaluación es válido? —preguntó.

—Buena pregunta —contestó Amanda—. Válido o no, me gustaría verte mejorar tus habilidades de redacción a tal punto que escribir bien no te requiera ningún esfuerzo. Y quiero ver una carta que hayas escrito a la que no tenga que hacerle cambio alguno. Si logras estos dos objetivos serás N4 sin importar cuán válido sea este método de evaluación. Tony, según lo que yo entiendo de esta metodología, es que esta se centra no tanto en tu evaluación sino en establecer una base inicial en la que podamos ubicar en qué punto te encuentras actualmente y de esta forma podamos trabajar juntos para que mejores —dijo Amanda afablemente—. Necesitamos un plan para ayudarte a mejorar esta habilidad. ¿Se te ocurre alguna idea?

Lo que Tony no le había dicho a Amanda era que apenas había logrado terminar la universidad. La materia de redacción, en particular, le había resultado muy difícil. Amanda le hizo recordar lo mucho que había discutido con sus maestros por sus calificaciones. Finalmente dijo:

—Quizá necesite tomar un curso de redacción empresarial.

—Excelente idea —dijo Amanda—. Sé que hay clases nocturnas. Incluso haré los arreglos para que la compañía pague el curso. ¿Qué te parece?

Tony estaba gratamente sorprendido por el hecho de que la compañía lo valoraba lo suficiente como para invertir en su instrucción.

Amanda y Tony habían dado comienzo a un proceso de mejora de aptitudes en la redacción. Sin embargo, otras tres habilidades: calificar prospectos, presentación y cierre de ventas quedaban aún por examinarse. Estas eran habilidades importantes para una persona de ventas y Amanda estaba ansiosa por hablar acerca de ellas. Sin embargo, ella no quería abrumar a Tony y le pareció que era mejor tomar un par de acciones que le permitieran implementar el plan de mejora de la primera habilidad antes de abordar las tres restantes. Le agradeció a Tony su franqueza y le deseó la mejor de las suertes en su plan de mejorar sus *habilidades de redacción*.

Cuando Tony se marchó, Jane le dijo a Amanda:

—Hiciste un excelente trabajo. Esta fue una situación realmente difícil y la controlaste en forma extraordinaria. Me encantó ver cómo lograste cambiar su sentir. Vaya, ¡qué diferencia de actitud cuando salió de aquí a la que mostró al llegar!

—Gracias, Jane, tu retroalimentación realmente me ayudó a ver las áreas en las que necesitaba trabajar. Hoy también me di cuenta de que mis colaboradores directos tienen mucho potencial y que conforme desarrolle mis habilidades para ayudarlos más, serán capaces de desarrollarse y prosperar en su entorno laboral.

Grace había estado presente durante toda la conversación y había quedado impresionada.

—Gracias por tu ayuda —le dijo a Jane.

—Me alegra que hayas visto que este proceso es valioso —respondió Jane—. Puede llegar a ser algo muy poderoso.

Se dieron la vuelta y ambas salieron de la oficina.

CAPÍTULO 11

Cultura

El Infoman llegó temprano la mañana del sábado a un hotel rústico en los bosques de Connecticut. Se registró, cambió de ropa y salió a dar un paseo por el jardín. Hacía un día precioso. Sabía que facilitar un cambio en la cultura no sería sencillo con este grupo de ejecutivos acelerados y orientados a los números.

Durante la conversación con Brian un par de meses atrás habían atribuido los problemas de XCorp a la falta de colaboración. A pesar del gran progreso que se había alcanzado, el Infoman sabía que aquel reto no se había superado del todo. Basado en muchos años de experiencia confiaba en que era posible el cambio de comportamiento que se requería, así como el cambio en la cultura empresarial. Aspiró profundamente aquel aire fresco y limpio y se dirigió hacia la sala de reuniones, ansioso de enfrentar el desafío.

—Buenos días —dijo el Infoman al abrir la sesión—. Hoy vamos a hablar sobre la cultura que debería existir en el Grupo XCorp. Aunque puede haber algunas diferencias en las culturas de las distintas empresas que la conforman, también existe una cultura de grupo.

—Me gustaría que pensaran en dos aspectos de la cultura empresarial: comportamientos positivos y comportamientos negativos. ¿Qué comportamientos creen ustedes que podrían asegurar el éxito para transformar en realidad la visión del Grupo XCorp y qué comportamientos podrían impedir su progreso?

—Comencemos con una lluvia de ideas. Necesito dos voluntarios, uno para cada pizarra, de manera que podamos anotar los puntos que se les vayan ocurriendo. En la primera pizarra vamos a anotar los comportamientos habituales que pueden ayudarnos a tener éxito. En la segunda pizarra anotaremos los comportamientos habituales que pueden llevarnos a fracasar.

El grupo intercambió ideas y elaboró la siguiente lista de "comportamientos habituales que pueden ayudarnos a tener éxito":

1. responder a nuevas ideas con apertura,
2. colaborar,
3. asumir responsabilidades,
4. cumplir los compromisos,
5. dar seguimiento a las tareas iniciadas,
6. tomar decisiones basándose en hechos,
7. reflexionar sobre las acciones y aprender.

Para "comportamientos habituales que pueden llevarnos a fracasar", el grupo se puso de acuerdo en la siguiente lista:

1. enfocarse en lo negativo,
2. actuar defensivamente,
3. mostrar apatía,
4. introducir temor en la organización,
5. ocultar la verdad,
6. proteger territorios,
7. fomentar la desunión.

—Déjenme sugerir que añadamos a esta lista otro comportamiento habitual que puede ser sumamente destructivo.

Los participantes sentían mucha curiosidad por escuchar cuál podría ser ese comportamiento.

—La murmuración —dijo.

—¿A qué te refieres exactamente? —preguntó Ted.

—A decir algo negativo sobre una persona cuando no está presente, sea o no cierto lo que se dice.

—Me temo que es algo que hacemos mucho —dijo Andrew recordando las conversaciones relativas a la salida de Peter Bergman de la empresa.

—Ese tipo de conversaciones son muy destructivas e innecesarias —dijo el Infoman—. De hecho, la clave para el éxito de XCorp es crear una cultura que desaliente estos comportamientos negativos y destructivos y que promueva comportamientos positivos y constructivos, como los de la primera lista. Ahora a manera de ejercicio quiero que piensen en su propia empresa o departamento dentro de la empresa y me digan dos cifras. ¿Qué porcentaje de los comportamientos que observan allí de manera cotidiana son congruentes con los comportamientos positivos que han identificado en la primera lista y qué porcentaje refleja comportamientos negativos y destructivos?

Nadie respondió. El Infoman se dio cuenta de que seguramente se sentían inhibidos para responder sobre el tema, así que repartió hojas y les pidió que escribieran sus respuestas de manera anónima. Después recogió las hojas y escribió las respuestas en una hoja de la pizarra. El porcentaje promedio de comportamientos positivos fue de 60%. El porcentaje promedio de comportamientos negativos resultó ser de un 40%.

—Aunque este no era un método de evaluación preciso —explicó el Infoman— los resultados representan la percepción de este grupo y por lo tanto son significativos. Aproximadamente el 40% de los comportamientos de los empleados de XCorp son percibidos como negativos por ustedes. Es esencial sanear el entorno cultural en

XCorp. Si no lo hacen, ese 40% puede afectar seriamente a la empresa. No querrán mirar atrás y preguntarse por qué fallaron a pesar de las muchas fortalezas de la organización.

Los asistentes se quedaron un instante en silencio mientras reflexionaban sobre la importancia de aquella frase.

—¿Cómo se puede cambiar la cultura de una organización? —preguntó Andrew—. Si la cultura empresarial es la suma de comportamientos habituales, ¿cómo podemos cambiar teniendo en cuenta que los hábitos son tan difíciles de cambiar?

—Puede parecer casi una misión imposible —respondió el Infoman—. Pero una gran parte de la responsabilidad para ese cambio reside en las personas aquí sentadas. Si ustedes como directivos están dispuestos a efectuar un cambio y seguir el proceso que voy a compartirles, demostrando determinación, disciplina y humildad, tendrán éxito en revertir los comportamientos negativos y destructivos. Este es un resumen de cómo podemos proceder —dijo el Infoman, dando vuelta a una nueva hoja de la pizarra y escribiendo lo siguiente:

Cuatro pasos para cambiar
el comportamiento

Paso 1. Defina los valores corporativos
Paso 2. Defina los comportamientos puntuales
Paso 3. Cambie sus comportamientos
Paso 4. Facilite el cambio en los demás

Shirin los leyó en voz alta y enseguida comentó:
—Otra vez cuatro pasos. ¿Es el número mágico?
Todos se echaron a reír.
—¿Qué les parece si seguimos con esto? —preguntó el Infoman.

La mayoría de los presentes asintieron, si bien algunos de ellos parecían escépticos.

Brian alzó la mano y dijo:

—Permítanme decir un par de palabras. Yo opino que transformar nuestra cultura empresarial para que sea positiva y orientada al futuro tendrá un marcado efecto en nuestra productividad y nuestro éxito. Desde mi punto de vista se trata de un proyecto muy importante y quiero aprender al respecto todo lo posible durante este retiro de trabajo. Una vez que termine, me gustaría ver que implementamos lo que sea que se decida aquí y que se haga de inmediato. Así que no perdamos tiempo tratando de decidir si este es un ejercicio provechoso o no. Con un porcentaje tan alto de comportamientos negativos que necesitamos superar, este proyecto debe tener la prioridad más alta.

Paso 1. Defina los valores corporativos

—Gracias Brian —dijo el Infoman—. El primer paso, es definir sus valores corporativos. Sé que cada una de sus empresas tiene un conjunto de valores fundamentales, pero el grupo como un todo no lo tiene. Por lo tanto, vamos a hacer un ejercicio para desarrollar los valores fundamentales del Grupo XCorp, que acelere el avance del Grupo hacia su visión compartida.

El Infoman dividió a los participantes en tres grupos y les pidió que llevaran a cabo una lluvia de ideas y elaboraran una lista de nociones para el Grupo XCorp que reflejara los valores positivos que ya habían enumerado y que incluyera también lo opuesto de los comportamientos destructivos que también habían listado antes. Los grupos se pusieron a trabajar. Al cabo de media hora regresaron con su respectiva serie de valores fundamentales recomendables.

Luego trabajaron conjuntamente para consultar, analizar y reorganizar sus listas y finalmente llegaron a un consenso sobre los cinco valores fundamentales para el Grupo XCorp:

1. Ser confiable
2. Orientación al cliente
3. Calidad
4. Ser respetuoso
5. Apertura al aprendizaje

La conversación entre los participantes resultó en la siguiente definición de esos valores.

Ser confiable significa que cada persona que trabaja en la organización debe comportarse de manera tal que se gane la confianza de los demás. Como resultado, los clientes, empleados y accionistas de XCorp confiarían en la empresa. Ser digno de confianza significa hacer el mejor esfuerzo al realizar el trabajo, ser honesto, sincero, justo, no aprovecharse de los demás y actuar con integridad. Esta sola palabra representa mucho e impone un alto estándar.

Orientación al cliente se definió como tener la actitud necesaria para asignar un valor excepcional a cada cliente. Implica comprender los problemas y dificultades del cliente, exceder sus expectativas y atenderlo con cortesía. La intención es importante y debe mostrar una preocupación por servir y cuidar tanto al cliente interno como al externo.

Calidad se definió como anticipar las expectativas que el cliente puede tener con el producto o servicio que está adquiriendo, convirtiendo esas expectativas en especificaciones claras para el producto o servicio y asegurándose de que se cumplan 100% de las veces.

Ser respetuoso significa demostrar respeto en todas y cada una de las relaciones y en todas las interacciones, sin tratar con prejuicios a ninguna persona. Significa mostrar respeto hacia las personas con quienes nos encontramos y hacia aquellas que están ausentes. Significa que este respeto se manifiesta en la colaboración y reciprocidad al interior de la organización.

La *apertura al aprendizaje* es la disposición a estar abierto a las nuevas ideas y no tener en ninguna situación la actitud de saberlo todo. Significa estimular a los demás a innovar y tomar riesgos sin temor a fallar o a ser castigados.

Todos estaban pensando en las implicaciones de estos estándares, cuando Shirin rompió el silencio.

—¿Solo cinco valores? Sé de empresas que tienen una larga lista de principios y valores. ¿Creen que cinco son suficientes?

El Infoman sonrió.

—Estoy al tanto de las largas listas que tienen algunas. En mi opinión tener más no implica que sea una lista mejor. Es importante enfocarse en unos cuantos valores. Los que ustedes han listado representan la esencia de lo que van a necesitar. Si XCorp logra implementar con éxito estos cinco valores, entonces no echarán en menos nada. De hecho, *ser confiable* podría por sí solo servir como el valor fundamental más crucial.

❖ ❖ ❖

Los ejecutivos tomaron un descanso para saborear un buffet al aire libre. Después del almuerzo, algunos se sentaron en el área de descanso a tomar un café mientras otros se fueron a sus habitaciones. Un grupo salió a caminar por el bosque. La sesión de la mañana había resultado sorprendentemente seria, induciendo a la reflexión. En lugar de enfocarse en las estrategias para las cuotas de mercado, o en el rendimiento de las acciones de XCorp, se habían centrado en cambiar comportamientos y hábitos. Algunos integrantes del grupo se sentían incómodos con este asunto. Un par de ellos aprobaban en teoría el ejercicio pero cuestionaban si establecer ese tipo de estándares tan altos les permitiría ser competitivos. Uno de ellos era Ted Finley.

Cuando regresaron de su paseo, el Infoman notó la expresión de desagrado de Ted. Lo invitó a que se sentaran juntos en la terraza. Le pidió a Ted que expresara sus pensamientos acerca de la sesión matinal.

—Hemos pasado mucho tiempo hablando de lo obvio. Está claro que tenemos que vivir de acuerdo con estos principios. Aprendimos eso desde la niñez, pero estas no son clases dominicales de religión para niños. ¿Por qué estamos perdiendo el tiempo en esto cuando podríamos estar hablando de aspectos importantes como las asignaciones de presupuesto?

—Me alegra que expreses tu inquietud —contestó el Infoman en tono seguro—. Revisemos lo que ha pasado esta mañana. Ustedes, los altos ejecutivos del Grupo XCorp, definieron los comportamientos para acelerar el progreso hacia su visión. No fue fácil ni obvio, pasaron mucho tiempo debatiendo qué debía incluir la lista. También estimaron que cerca del 40% de los comportamientos en su organización actúan en contra del progreso hacia su visión. Eso es alarmantemente alto. Significa que hay 40% de contaminación o desperdicio en su entorno cultural. Para librarse de ese 40% realmente necesitan actuar de acuerdo con los valores fundamentales que establecieron para el Grupo. Mucho me gustaría que todos pusiéramos en práctica lo que aprendimos de niños en las clases dominicales de religión. El mundo sería mejor. Créeme, no hay nada más importante que puedan estar haciendo ahora que encontrar la manera de que estos valores sean la característica distintiva de XCorp.

Ted escuchó sin decir nada. Después se levantaron y regresaron a la sala de conferencias. El Infoman escribió esta frase en el rotafolio:

La congruencia con los valores
es la ventaja competitiva primordial

Paso 2. Defina los comportamientos puntuales

Cuando ya todos habían regresado y estaban listos para reiniciar el Infoman les indicó el precepto que había escrito en la pizarra y reiteró la importancia de estos valores, recalcando que eran la ventaja competitiva primordial de XCorp.

En seguida dijo:

—Ahora, permítanme preguntarles lo siguiente. ¿Cómo sabrían si alguien está trabajando en conformidad con sus valores? Hablemos por ejemplo de la confiabilidad.

—Observando sus acciones —respondió Andrew.

—Exactamente —dijo el Infoman—. No solo sus acciones en general, sino sus comportamientos específicos. Nos vamos a referir a estos comportamientos específicos como comportamientos puntuales. ¿Cuál sería un ejemplo de un comportamiento puntual para la confiabilidad? ¿Alguna idea?

—¡Solo puedo pensar en ejemplos de comportamientos no confiables! —comentó Don. Todos rieron.

—Está bien —respondió el Infoman—, eso puede servirnos, porque podemos irnos por los opuestos. ¿Qué tienes en mente?

—Bueno, creo que tiendo a pensar en términos de dinero —continuó Don—. Hacer un viaje que no está relacionado con el trabajo y hospedarse en un hotel costoso, y luego cargar la cuenta a la corporación.

—¡Vaya! ¡Eso sí que va contra la confiabilidad! —exclamó Ted—. ¡Es mejor que echemos un vistazo a tus reportes de gastos!

De nuevo los presentes se echaron a reír.

—De acuerdo, si esta es una indicación de conducta no confiable, ¿entonces cómo podemos definir el comportamiento confiable preciso?

—¿Qué tal justificar con documentación precisa todos los gastos en que se incurra o proporcionar la información correcta? —sugirió Shirin.

—Ese es un buen ejemplo —dijo el Infoman—. Permítanme sugerir otro: terminar un proyecto específico en la fecha acordada, ¿es un caso de confiabilidad?

—Definitivamente —dijo Brian—. Si yo confío en que alguien va a completar un proyecto a tiempo, entonces terminarlo tarde traicionaría esa confianza.

—Según lo voy entendiendo, los comportamientos puntuales pueden indicar si la persona está alineada con los valores de la organización —comentó Gail.

—Exactamente —dijo el Infoman—. Para fomentar los valores de XCorp tienen que trabajar en promover comportamientos específicos. Y conforme se practiquen estos comportamientos, gradualmente se irán convirtiendo en hábitos.

Los participantes continuaron definiendo comportamientos puntuales para la confiabilidad y luego procedieron a definir este mismo tipo de comportamientos para la orientación al cliente, la calidad, el respeto y la apertura al aprendizaje. Definieron comportamientos puntuales para cada valor fundamental.

Gail creó un árbol que vinculaba los comportamientos puntuales que habían definido a los valores fundamentales. Una vez que terminó proyectó en la pantalla el Árbol de Valores y Comportamientos (véase Gráfico 31).

Los participantes tomaron turnos para leer en voz alta cada uno de los valores en el árbol junto con los comportamientos puntuales que representaba. Se aseguraron de que todos los comportamientos habituales positivos y negativos que habían listado al comienzo de la sesión

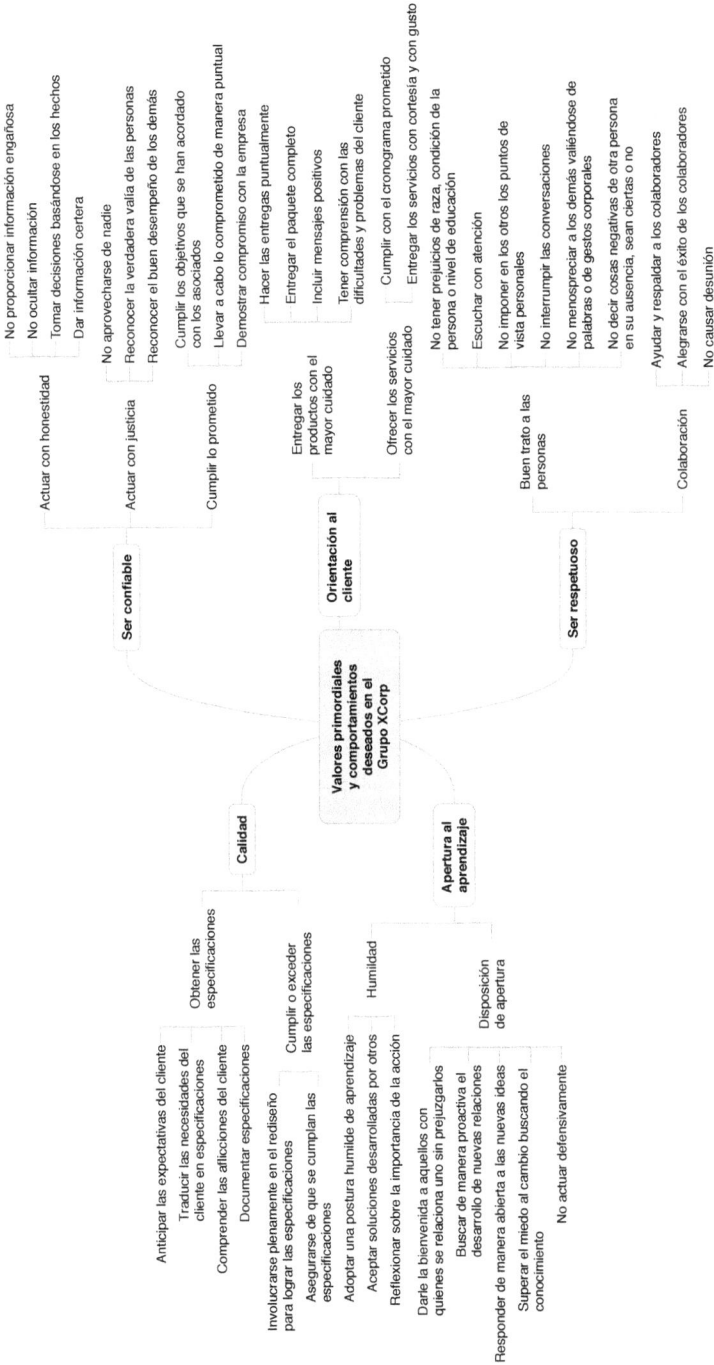

Valores primordiales y comportamientos deseados en el Grupo XCorp

- **Ser confiable**
  - Actuar con honestidad
    - No proporcionar información engañosa
    - No ocultar información
    - Tomar decisiones basándose en los hechos
    - Dar información certera
  - Actuar con justicia
    - No aprovecharse de nadie
    - Reconocer la verdadera valía de las personas
    - Reconocer el buen desempeño de los demás
  - Cumplir lo prometido
    - Cumplir los objetivos que se han acordado con los asociados
    - Llevar a cabo lo comprometido de manera puntual
    - Demostrar compromiso con la empresa
    - Hacer las entregas puntualmente

- **Orientación al cliente**
  - Entregar los productos con el mayor cuidado
    - Entregar el paquete completo
    - Incluir mensajes positivos
    - Tener comprensión con las dificultades y problemas del cliente
  - Ofrecer los servicios con el mayor cuidado
    - Cumplir con el cronograma prometido
    - Entregar los servicios con cortesía y con gusto

- **Ser respetuoso**
  - Buen trato a las personas
    - No tener prejuicios de raza, condición de la persona o nivel de educación
    - Escuchar con atención
    - No imponer en los otros los puntos de vista personales
    - No interrumpir las conversaciones
    - No menospreciar a los demás valiéndose de palabras o de gestos corporales
    - No decir cosas negativas de otra persona en su ausencia, sean ciertas o no
  - Colaboración
    - Ayudar y respaldar a los colaboradores
    - Alegrarse con el éxito de los colaboradores
    - No causar desunión

- **Calidad**
  - Obtener las especificaciones
    - Anticipar las expectativas del cliente
    - Traducir las necesidades del cliente en especificaciones
    - Comprender las aflicciones del cliente
    - Documentar especificaciones
  - Cumplir o exceder las especificaciones
    - Involucrarse plenamente en el rediseño para lograr las especificaciones
    - Asegurarse de que se cumplan las especificaciones

- **Apertura al aprendizaje**
  - Humildad
    - Adoptar una postura humilde de aprendizaje
    - Aceptar soluciones desarrolladas por otros
    - Reflexionar sobre la importancia de la acción
    - Darle la bienvenida a aquellos con quienes se relaciona uno sin prejuzgarlos
    - Buscar de manera proactiva el desarrollo de nuevas relaciones
  - Disposición de apertura
    - Responder de manera abierta a las nuevas ideas
    - Superar el miedo al cambio buscando el conocimiento
    - No actuar defensivamente

Gráfico 31

estuviesen representados en el árbol. Mientras todos estaban reflexionando en este diagrama, Brian comentó:

—Trasladar a la acción este árbol de comportamientos va a ser todo un desafío. Me pregunto cómo vamos a poder hacerlo en una organización tan grande.

El Infoman se volvió hacia Brian y comentó:

—La transformación que se propone hacer va a tener que comenzar aquí, con la autotransformación de los ejecutivos presentes en este cuarto. Como ninguno de nosotros puede pretender que encaja perfectamente con los valores en este mapa, todos podemos hacer un esfuerzo honesto para cambiar.

A continuación solicitó a los participantes que reflexionaran sobre sus propios comportamientos en la empresa a la luz del Árbol de Valores y Comportamientos que habían construido. Les pidió que empezaran su autotransformación eligiendo del árbol dos comportamientos puntuales habituales, uno deseable, que pudiese ser fortalecido, y uno no deseable, que debería ser eliminado. Salió entonces de la sala de reuniones a fin de darles media hora para completar el ejercicio.

Ninguno de los participantes se había tomado jamás el tiempo para reflexionar de esta manera sobre sus propios comportamientos. Les resultaba por lo tanto un ejercicio difícil.

Pasada media hora el Infoman regresó, miró uno por uno los ejercicios y habló individualmente con cada uno de ellos.

Paso 3. Cambie sus comportamientos

—El siguiente paso en este proceso es eliminar los malos hábitos que hayan identificado. Como bien saben, cambiar los hábitos puede ser muy difícil. Requerirá determinación, disciplina y perseverancia. Sé que todos harán un gran esfuerzo. Pero ¿cuáles serían algunas formas prácticas de recordarse a sí mismos que deben seguir trabajando en sus comportamientos puntuales?

—Escribir un recordatorio en el espejo del baño para que lo veas todos los días —dijo uno de los participantes.

—Ponerse el reloj al revés para que, cada vez que lo vean, se acuerden —fue otra sugerencia.

—Repetirlo cada mañana durante el desayuno.

El Infoman sonrió.

—¡Me gustan todas sus sugerencias, son muy creativas! Uno de mis clientes me dijo que sus gerentes colocan una moneda dentro de sus zapatos para recordarse a sí mismos que deben estar constantemente alerta respecto de los comportamientos puntuales en los que quieren trabajar. Mantienen la moneda en el zapato hasta que se afirma un nuevo hábito deseado.

Ted comentó:

—¿Cuántas monedas vamos a tener dentro de nuestros zapatos y durante cuánto tiempo? Incluso si pones solo una moneda a la vez, esta permanecerá en tu zapato durante un período tan largo que se volverá algo común y corriente. Esta es la idea más absurda que he escuchado en mi vida.

Los demás estallaron en carcajadas.

—¡Lo que sea que funcione! —contestó el Infoman—. Cada persona tiene que encontrar un método que funcione para ella. Otra idea sería cambiar el método para cada hábito. Así el proceso resultaría más interesante.

—La clave es que cuando encuentren un método que funcione para cada cual, estarán en camino a la autosuperación. A manera de ayuda, sería conveniente tener retroalimentación de una persona en quien confíen. Esta persona puede ser un amigo, un colega o incluso un familiar. Por supuesto esto puede ser incómodo para algunos de ustedes que tal vez no desean que un amigo sepa que están trabajando en la autosuperación. Pero ¿por qué no hacer el esfuerzo? Todos necesitamos mejorar y esta es una buena oportunidad.

El Infoman les pidió a los participantes que dedicaran un rato por su cuenta a diseñar un método para recordarse a sí mismos los objetivos y también que identificaran a un posible observador de sus comportamientos, a quien contactarían posteriormente. Siguió entonces un período de silencio. Cada uno de los presentes identificó un método para recordarse a sí mismo el trabajo necesario para cambiar un comportamiento puntual. Varios también decidieron quién sería su observador. El Infoman sugirió que los participantes coordinaran un encuentro con su respectivo observador para comunicarle lo siguiente:

—Que esté particularmente alerta durante el próximo par de meses. Cada vez que los vea actuar en concordancia con la lista de comportamientos que han identificado para buscar mejora, que les ofrezca retroalimentación mencionando específicamente lo que han hecho o dicho para merecer su elogio. De igual manera, cuando los vea actuar en contra de la lista de comportamientos identificados, debería recordárselo y explicarles de manera específica lo que hicieron o dijeron. Debería ofrecerles retroalimentación lo más pronto posible después de que les haya observado.

Paso 4 . Facilite el cambio en los demás

—El cuarto paso es inducir el cambio de comportamiento de otros. Esto significa que se vuelvan agentes de cambio y su ejemplo inspirará la autotransformación de otras personas. Todos ustedes, comenzando por Brian y bajando a los demás niveles de dirección, tienen la responsabilidad de fomentar la transformación en otros. Desde luego, su éxito dependerá de que hayan logrado su propia autotransformación. Si lo han hecho, entonces contarán con una autoridad moral y sus palabras surtirán efecto.

El Infoman continuó:

—Su influencia consistirá en animar a un cambio de comportamiento congruente con el Árbol de Valores y Comportamientos que ya han definido. Cuando alguien está actuando de conformidad con estos comportamientos, no se olviden de hacerle saber que está ayudando a forjar la cultura de la organización de una manera muy positiva.

El Infoman se volvió hacia Brian y dijo:

—Si en verdad deseas desarrollar una cultura corporativa saludable, pon estos valores en la cima de tus prioridades y pide a todos los empleados de XCorp que hagan esfuerzos continuos y conscientes por cumplirlos. Aquellos que se nieguen a hacer un esfuerzo honesto a pesar de ser recordados, tal vez tendrán que trabajar en otro lado.

El Infoman hizo una pausa y le preguntó a Brian:

—¿Estás preparado para asumir una postura tan firme?

Brian miró a sus colaboradores directos.

—Puedes tenerlo por seguro —contestó.

—¿Aunque tengas que dejar ir a una persona que ofrece una contribución importante a los resultados finales? —preguntó el Infoman.

—Puedes tenerlo por seguro —repitió Brian sin dudarlo.

—Eso es lo que esperaba oír —dijo el Infoman.

Con estos comentarios, el Infoman concluyó la sesión y les deseó suerte a todos en sus esfuerzos por transformar el entorno cultural de XCorp.

Una vez concluida la sesión, Ted Finley se acercó al Infoman y le dijo:

—Lamento mi actitud escéptica de hoy. Pero me temo que aún me siento escéptico después de haber visto la totalidad del proceso. No me malinterpretes; valoro mucho la confiabilidad, el servicio y la calidad. Pero tu proceso me pareció demasiado teorético. ¿Cómo poder estar seguros de que realmente va a funcionar dentro de los miembros del Grupo XCorp?

—Es algo que no puedes saber hasta que lo intentes —dijo el Infoman—. Si las personas que han estado aquí regresan al trabajo y no hacen nada para introducir los cambios de los que hemos hablado, entonces el día habrá sido una pérdida de tiempo. Pero creo que muchos de los ejecutivos que asistieron van a hacer un esfuerzo genuino. Y sé que Brian está comprometido con el proceso. Solo el tiempo nos dirá si esto ha sido útil.

El Infoman le dio la mano a Ted Finley y se marchó.

❖ ❖ ❖

Shirin y Andrew se encontraron en un restaurante el siguiente viernes por la noche. Habían decidido trabajar juntos en sus comportamientos, y se habían reunido a cenar para analizar cómo podían apoyar y alentar los esfuerzos respectivos.

Shirin vestía un elegante sari hindú y Andrew un traje gris tradicional. Era un encuentro entre el Oriente y el Occidente, algo que a Andrew no le habría pasado por la cabeza seis meses atrás. Se saludaron afectuosamente. Les asignaron una mesa junto a una ventana con vista al jardín.

—¿Qué piensas de la sesión que tuvimos con el Infoman? —preguntó Shirin.

—¡Fue estupenda! Me hizo darme cuenta de algunos cambios que debí hacer desde hace años —respondió Andrew. Su sonrisa se desvaneció—. Cómo hubiese querido hacer esto dos años atrás.

—¿Por qué hace dos años?

—Fue cuando me dejó mi esposa. Me había estado diciendo que hiciera cambios que fortalecieran nuestra relación. Yo la escuchaba, pero no del todo. No lograba descifrar qué era lo que quería. Finalmente se hartó, tuvimos varias peleas y se fue.

—Lo siento —dijo Shirin suavemente.

Después de una pausa, Andrew le preguntó:

—Y a ti qué te pareció la sesión?

—Me gustó mucho —respondió—. La idea de intención en el servicio me intrigó. Creo que es profunda y requiere una cabal comprensión de lo que necesitan las personas y cómo puedo realmente ayudarles.

Se echó a reír de repente.

—¿De qué te ríes? —preguntó Andrew.

—Adivina qué tengo en el zapato.

Shirin sacó uno de sus pequeños pies del zapato y empujó el zapato hacia Andrew. Él dirigió su vista hacia abajo pero no pudo ver nada. Entonces se inclinó y miró dentro del zapato.

—¡Ah, sí!

—No es incómodo, pero todo el tiempo estoy consciente de esta moneda.

—¿Cuántas monedas has metido ahí?

—Dos —dijo Shirin—. Una en cada zapato. Estoy trabajando en dos hábitos al mismo tiempo.

Andrew sonrió.

—Yo no necesito una moneda como recordatorio. Sé que tengo que hacer algunos cambios.

—Bien, ¿cómo podemos ayudarnos? —preguntó Andrew cuando terminaron de ordenar.

—Tengo una idea —contestó Shirin—. Hagamos un fondo. Cada uno pondrá cinco dólares en este fondo cada vez que el otro lo atrape haciendo algo que perjudique el hábito que está tratando de formar. Por otra parte, cada vez que uno vea que el otro está haciendo algo correcto el fondo le adeudará cinco dólares. Después de un mes veremos cómo nos va.

Andrew estuvo de acuerdo con el plan. Durante las semanas siguientes, Shirin y Andrew tuvieron varias oportuni-

dades de estar en el mismo edificio. Observaban cuidadosamente sus acciones. Contaban el número de veces en que
el otro actuaba en concordancia con un comportamiento
deseable que se hubiese seleccionado en el retiro de trabajo con el Infoman y también contaban el número de veces
en que el otro llevaba a cabo acciones para eliminar uno
de los comportamientos indeseables que se habían identificado. Cuando no estaban en la misma área, cada uno
tomaba notas de sus propios comportamientos y registraba
la información diariamente para revisarla durante sus reuniones semanales para cenar. Como a menudo regresaban
a sus viejos hábitos, el fondo fue acumulando cada vez más
dinero. Sin embargo, Shirin y Andrew trabajaban con per-
sistencia en su proceso de autotransformación.

Tuvieron varias cenas y salidas divertidas durante las semanas siguientes. De pronto, la transformación comenzó a
materializarse y el fondo se quedó sin dinero. De cualquier
manera, ellos siguieron reuniéndose para comer. Los cambios en su comportamiento se hicieron evidentes para los
demás –incluyendo al jefe de Andrew y a Brian Scott.

Su ética de servicio, su confiabilidad y su compromiso
con la calidad les ganaron un alto aprecio de sus compañeros de trabajo.

❖ ❖ ❖

Peter Bergman estaba en Holanda de vacaciones con su esposa, Sandra. Pero no conseguía un momento de reposo de
su obsesión con llevar a la ruina a Brian Scott. De repente
tuvo una idea que le devolvió el ánimo. La idea fue creciendo y se convirtió en un plan. Decidió que lo primero
que haría al regresar sería visitar a los principales competidores de TechCorp y ofrecer su ayuda para erosionar la
cuota de mercado y la imagen de la empresa. Esto resultaría
en una disminución de los ingresos de XCorp y una caída

en el precio de las acciones. Cuando las acciones de XCorp cayeran a un punto muy bajo, Peter, con el dinero de su suegro compraría el número de acciones que le otorgarían la influencia suficiente para deshacerse de Brian. Una vez hecho esto, se encontraría en una posición adecuada para implementar estrategias que estaba seguro iban a aumentar las ganancias y por lo tanto las acciones del Grupo se remontarían de nuevo y su participación sería más valiosa. Lo único que Peter necesitaba hacer era convencer al padre de Sandra de las ventajas de este plan.

Ya de regreso, una noche Peter lo invitó a cenar y le explicó de qué manera anticipaba los potenciales de XCorp y su idea de hacerse del control del Grupo. Describió su plan de manera minuciosa, y después de responder las preguntas que iban surgiendo, convenció a su suegro de que lo respaldara. Con una condición: que Peter también invirtiera su propio dinero en la operación. Peter no contaba con el dinero suficiente para invertir pero contaba con acaudalados contactos de negocio en los Estados Unidos y Latinoamérica. Aceptó la condición estipulada por su suegro.

Peter comenzó a trabajar en su plan. Junto con los gerentes de venta de los competidores visitó a los responsables de las cuentas claves de TechCorp. Les ofrecieron acuerdos de negocios a precios muy atractivos para convencerlos de que cancelaran sus acuerdos comerciales con TechCorp y empezaran a trabajar con ellos.

Proceso de revisión en equipo

Una mañana de lunes, David Anderson, el director general de TechCorp, recibió noticias alarmantes. Se había iniciado una guerra de precios. El principal competidor de TechCorp había lanzado una campaña de reducciones drásticas de precios en varios productos claves para incrementar su participación de mercado. Los precios eran tan bajos que TechCorp no podría igualarlos sin generar pérdidas significativas.

David reunió a su gente clave para analizar cómo debían responder. A corto plazo, decidieron igualar los nuevos precios de los competidores. Con suerte, esa estrategia les daría algo de tiempo para generar soluciones que a largo plazo fueran financieramente viables.

Un par de días después, David estaba sentado frente a su escritorio con la cabeza entre las manos.

—Necesito algunas ideas estupendas —pensó—; algunas estrategias realmente innovadoras.

Se enderezó rápidamente al oír que su secretaria lo llamaba por el interno.

—Jane Baker y Paul Harris desean verlo.

—¿Para qué día tenían cita, Jessica? —le preguntó—. Juraría que iban a venir mañana.

—La cita era para hoy, señor. ¿Les digo que regresen otro día?

—No, no, hazlos pasar, pero dame un par de minutos.

Le echó un vistazo a su agenda electrónica. ¡Dios, la cita sí que era para hoy!

Jane y Paul entraron a la oficina de David y lo saludaron. Jane notó lo estresado que aparecía David. Se habían enterado de la guerra de precios y no habrían querido quitarle el tiempo a David, pero sentían que tenían algo que podía ayudarle.

Jane habló primero:

—David, tienes el aspecto de alguien que se encuentra en medio de un asedio.

—Para serte franco, es así como me siento.

—Estamos aquí para ayudarte —dijo Paul.

—Desearía que pudieran pero, francamente, no veo cómo —respondió David.

—Solo queremos recalcar un par de procesos de los que ya dispones y que puedes utilizar para responder eficazmente a esta crisis. Si tienes que bajar tus precios para ser competitivo, eso va a generar una gran presión en las operaciones para mejorar la eficiencia. Tu gente debe de estar sintiendo la presión.

—Algunos la están sintiendo. Ayer reuní a mi equipo de producción. Básicamente, ellos van a llevar la mayor carga de este problema. Y yo, por supuesto.

—¿Por qué no consideras repartir un poco la carga?

—¿Qué quieres decir?

—Bueno, ¿recuerdas todos esos FCE y FCI que fueron definidos para tu organización?

—Desde luego.

—Todo aquel responsable por un FCE que tiene un FCI asociado a él tiene un equipo interfuncional en potencia. Por ejemplo, el supervisor de embarques cuyo FCE es la entrega a tiempo de un producto puede tener un equipo interfuncional para este FCE. El equipo incluiría a su supervisor de embarques junto con el gerente de ventas y al gerente de producción que poseen el FCI para este factor. Lo que estamos sugiriendo es que reúnas a todos esos equipos interfuncionales en la empresa y hagas que se concentren en la crisis. Por supuesto que uno o dos de los equipos tendrán una contribución más clave, pero todos pueden tener un efecto. Todos los equipos deben darse cuenta de que están en una situación de emergencia y que necesitan trabajar en el mejoramiento de sus procesos. El efecto acumulado de todas estas mejoras te dará el máximo de resultados. Tu organización ya ha invertido una gran cantidad de energía para definir todos estos factores de modo que ahora es el momento de sacar el máximo provecho de la inversión que han hecho.

—Déjenme ver si entiendo lo que me están sugiriendo. Quieren que movilice a todos los que están a cargo de FCE para que se comuniquen con sus relaciones que tienen que ver con FCI, que les hagan saber nuestra situación de urgencia extrema debido a la guerra de precios y les pidan que se esfuercen por alcanzar los potenciales del proceso detrás de los FCE, e incluso rediseñarlos si resulta necesario. El propósito de ustedes es empoderar a estos equipos interfuncionales para que sientan que es suya la responsabilidad de sacarnos de esta situación. ¿Estoy en lo cierto?

—¡Por completo! —dijo Paul.

—Bueno, podría dar resultados y suena lógico. Lo intentaremos.

Cuando Paul y Jane se marchaban de la oficina, David les agradeció por haber venido y les dijo:

—¡Cómo me alegro de que la cita haya sido para hoy!

Se quedaron sorprendidos con el comentario, sin saber a qué se debía, pero lo atribuyeron al estrés excesivo en que se encontraba. Quienes tenían a su cargo FCE respondieron a la solicitud de David de convocar inmediatamente una reunión de equipo interfuncional con sus relaciones a cargo del FCI para determinar cómo podían mejorar procesos que dinamizaran el desempeño de los FCE. Se les pidió que implementaran sus soluciones de inmediato. Adicionalmente, David encargó al vicepresidente de ventas que personalmente visitara a los clientes más importantes y averiguara qué más podía hacer TechCorp para cumplir con sus expectativas.

Los reportes de las visitas a los clientes empezaron a llegar a la oficina de David. Contenían la pésima noticia de que cada uno de los clientes claves que había visitado el vicepresidente de ventas ya había sido contactado por Peter Bergman y se le habían prometido unos precios y condiciones de entrega prácticamente imposibles de igualar. David preguntó quién era Peter y se enteró de que se trataba del antiguo jefe de TechCorp y que había tenido un conflicto con Brian. David se quedó asombrado con el descaro de Peter y con sus intentos flagrantes de destruir la base de clientes de TechCorp.

David respondió velozmente con contrapropuestas que incluían mejoras a los productos y servicios que deseaban los clientes. Esta reacción exigía eficiencias significativas en los procesos de Tech Corp. Involucraba hacer una serie de promesas que no habría sido posible cumplir de no ser por los esfuerzos que se encontraban en marcha por parte de los equipos interfuncionales. El vicepresidente de ventas también expuso ante los clientes claves la estrategia vengativa de Peter y los convenció de que las promesas de sus competidores eran solo a corto plazo, que no eran realistas ni eran sostenibles. David creó un equipo especial para prestar cuidadosa atención a las solicitudes provenientes de los clientes y para dar seguimiento a cada una de ellas. Como resultado, TechCorp reemergió con mayor fortaleza y con una notable mejora de los procesos en toda la organización.

❖ ❖ ❖

Tres meses después, Paul y Jane decidieron hacerle otra visita a David, esta vez para hablar sobre otro tipo de equipo.

—Hola, ¿cómo va todo? —le preguntó Paul mientras saludaba a David con un apretón de manos.

Jane notó que David lucía mucho menos agitado que la vez pasada, más como la persona calmada y en control que ella conocía.

—¡Todo está marchando tan bien que es increíble! —exclamó David—. Realmente organizamos los recursos para afinar los procesos claves y reducir los costos. También les prestamos especial atención a algunos de nuestros clientes claves, redujimos los precios y les ofrecimos lo que necesitaban sin cobrarles un precio adicional. Así que la guerra de precios a final de cuentas terminó ayudándonos. El mercado está ahora mejorando y los precios han vuelto a subir. Dado que nuestros procesos han mejorado, nuestras ganancias están aumentando. Muchas gracias por encauzarme en la dirección de los equipos interfuncionales. Tenías toda la razón; contábamos con las capacidades, simplemente necesitábamos utilizarlas.

—Realmente hay un gran poder cuando las personas trabajan juntas, enfocadas en un objetivo común —dijo Paul—. Y venimos a compartir contigo un nuevo enfoque para los equipos naturales, es decir, los equipos que constan de gerentes y los colaboradores que les reportan directamente. Este nuevo enfoque cambiará la manera en que estás llevando a cabo tus reuniones mensuales para revisar resultados.

—¿En qué forma? —preguntó David con curiosidad.

—Dime lo que estás haciendo ahora. ¿Cómo se están llevando a cabo tus reuniones de equipo? —preguntó Jane.

—Bien, recientemente hemos estado en crisis, pero por lo general me reúno con mis colaboradores directos el segundo lunes de cada mes, les doy cualquier noticia urgente que haya, les hablo acerca de las oportunidades y amenazas potenciales, y luego establezco las prioridades para el mes. Después de eso, cada persona presenta gráficos, cifras y diagramas detallados sobre el desempeño de su área durante el mes anterior: desviaciones del presupuesto, comparaciones con el año anterior, datos de este año hasta la fecha, etcétera.

Después de una pausa, Jane preguntó:

—¿Hay mucho diálogo en estas reuniones?

—En realidad no —dijo David—. Excepto por la persona que está haciendo la presentación y respondiendo las preguntas, los demás se dedican principalmente a escuchar.

—¿Cuánto duran estas reuniones?

—Lo que sea necesario para cubrir todas las presentaciones, en ocasiones todo el día —respondió David.

—Perdóname por ser tan directa —dijo Jane—, pero este tipo de reuniones suena como una pérdida de tiempo y recursos. Estás desperdiciando el tiempo de un grupo de ejecutivos altamente remunerados y competentes que probablemente ni siquiera están poniendo toda su atención en la reunión.

—¿Por qué dices eso? —preguntó David.

—Bueno, cuando alguien está hablando sobre su propia área con tanto detalle, normalmente solo una parte de lo que está diciendo es relevante para los demás participantes. Si tus ejecutivos se aburren y se ven obligados a sentarse todo el día escuchando una enorme cantidad de información, lo más probable es que dejen de prestar atención o que piensen en sus propias presentaciones.

—Estas reuniones cabrían dentro de las que llamaríamos enfocadas hacia abajo porque el principal enfoque está en el área de responsabilidades de los miembros individuales del equipo.

—El nuevo paradigma que queremos que consideres es el concepto de equipos enfocados hacia arriba. Este concepto hace del grupo un equipo real proporcionándole un propósito común.

—¿Qué propósito es ese? —preguntó David.

—Este propósito es mejorar el Informe de Enfoque del líder del equipo, ya que este informe es en realidad el Informe de Enfoque del equipo. Este nuevo enfoque permite que la creatividad y la energía de todo el equipo se orienten hacia los factores del líder.

Después de una pausa, Jane le preguntó:

—¿Ves la diferencia?.

—Claro —respondió David—. Veo una enorme diferencia.

—Hay otra gran ventaja en los equipos enfocados hacia arriba —comentó Paul—. Estos equipos están orientados hacia el futuro. Los equipos enfocados hacia abajo, por la forma en que operan, dando informes, revisando datos etc., se orientan principalmente hacia el pasado, ya que los participantes comparten información acerca de lo que sucedió. No es que esa información no sea importante. Es tan solo que por lo general se invierte demasiado tiempo en ella y no se le dedica suficiente tiempo a buscar soluciones. Además es factible que esta información orientada hacia el pasado no sea relevante para todos los integrantes del equipo. Imagínate varios niveles de equipos en la organización todos enfocados de esta manera, hacia arriba. ¡Hay un poder tremendo en esto!

—Me imagino —dijo David—. Cuéntame más sobre estos equipos.

—Estos equipos siguen un nuevo proceso que llamamos *proceso de revisión en equipo*. Es un proceso que comienza con una reunión de equipo en la cual se desarrollan planes de acción para los indicadores del líder del equipo, continúa con una acción directa en el campo y luego es amplificada con una nueva reunión del equipo para reflexionar, aprender y desarrollar nuevos planes de acción.

Paul continuó diciendo:

—Este proceso es no solo para tu propio nivel o el nivel inmediatamente inferior sino para todos los niveles de la organización. Como todos los gerentes tienen un Informe de Enfoque, la mejora de sus Informes es amplificada por el proceso de revisión en equipo.

—Da la impresión de que estuvieras hablando de un proceso sistemático para mejorar los resultados —comentó David—. ¿Qué sucede durante las reuniones?

—La agenda para las reuniones incluye cuatro temas: cultura, desempeño, desarrollo y sinergia —explicó Jane—. La parte de la cultura no tiene que ser larga, pero tiene por objeto ayudar a los integrantes del equipo a adquirir una comprensión más profunda de los valores fundamentales y los comportamientos deseables en la organización. Esto es importante porque contribuye a forjar una cultura en la organización propicia para alcanzar resultados.

—El principal enfoque del equipo estará, desde luego, en mejorar el estado de los Factores Críticos de Éxito (FCE) del líder del equipo —dijo Paul—. El objetivo es hacer que los dos factores críticos alcancen un nivel sobresaliente.

—Después de la conversación sobre el desempeño, el tema pasa a ser el desarrollo —agregó Jane.

—¿Te refieres al desarrollo de los miembros del equipo? —preguntó David.

—No, me refiero al desarrollo del equipo en sí. Se trata del desarrollo del trabajo en equipo que es tan esencial para alcanzar resultados.

—Usando dos variables, cohesión y contribución, el desarrollo del equipo se puede evaluar en la escala de N1 a N4, de efectividad baja a alta. Cuando un equipo se está comunicando bien y está unido, tiene un alto nivel de cohesión. Cuando la gente tiene temor a expresarse o hay fricciones, malentendidos o apego a intereses personales, la cohesión es baja. Cuando se utilizan todos los talentos de los integrantes del equipo, hay una alta contribución. Cuando una o dos personas hacen el trabajo y los demás son observadores, entonces el nivel de contribución es bajo. El grado de cohesión y contribución de un equipo determina su nivel de efectividad. Y el nivel de efectividad se correlaciona con la capacidad del equipo para producir resultados.

—¿En qué nivel crees que está funcionando tu equipo? —preguntó Jane.

David permaneció en silencio, pensando en la pregunta. Entonces Jane le dijo que le iba a enviar una encuesta que le ayudaría al equipo a determinar el nivel de desarrollo.

Acto seguido Paul presentó el último tema de la agenda diciendo:

—La sinergia es el último elemento de la reunión. Se refiere a una conversación abierta durante la cual los integrantes comunican información o algún aprendizaje de sus respectivas áreas que va a resultar relevante para otros miembros del equipo. También podrían solicitar lo que necesitan de sus compañeros para ser más exitosos.

—Si lo entiendo correctamente —comentó David—, estos procesos de revisión en equipo teóricamente nos pueden llevar a un nivel completamente nuevo, pero es un cambio inmenso y no estoy seguro de cómo has planeado llevar a cabo la implementación.

—Te daremos una capacitación en la metodología para este proceso y también te entrenaremos para que impartas la capacitación a tu equipo —dijo Jane—. Queremos que tú entrenes al siguiente nivel, ya que será más efectivo cuando tu equipo reciba de ti el entrenamiento en lugar de recibirlo de nosotros. Además te vamos a acompañar cuando comiences tus reuniones iniciales.

—Es así como me van a acompañar? —preguntó David.

—Quiere decir que pasaremos tiempo contigo antes de tu reunión para cerciorarnos de que te sientes cómodo con los conceptos y la metodología; luego asistiremos a la reunión como observadores, tan solo en caso de que requieras ayuda para aplicar el adiestramiento que has recibido. Más adelante, pasaremos tiempo contigo después de la reunión para darte retroalimentación sobre cómo resultó, lo que hiciste acertadamente y lo que puedes hacer para mejorar.

—No vas a estar solo en esto —afirmó Paul—. Estaremos contigo hasta que te sientas cómodo, y esto puede significar de una a tres o cuatro reuniones.

—Estupendo —dijo David—. Eso va a ser una gran ayuda, ¿pero qué va a pasar con los siguientes niveles en la organización? ¿Qué plan tienen para ellos?

—El nivel siguiente recibirá la capacitación de las personas que reportan directamente a ti y que han sido entrenadas por ti y de allí en adelante la capacitación se irá impartiendo en cascada hacia los niveles inferiores. En cuanto al acompañamiento para esas reuniones, pensamos multiplicarnos por así decirlo, entrenando y certificando a varias personas en tu organización para impartir el coaching de la misma manera en los siguientes niveles Adicionalmente, la experiencia que tengan en tus reuniones las personas que reportan directamente a ti les va a servir de modelo.

A David le gustó el plan y se mostró de acuerdo para empezar el nuevo proceso. Jane y Paul programaron y condujeron la sesión de entrenamiento de un día para David, quien también practicó la manera de impartir el adiestramiento que estaba recibiendo. Obtuvo retroalimentación de parte de Jane y de Paul hasta que se sintió convencido de que lo iba a hacer bien. Sintiéndose bastante cómodo sostuvo una sesión de adiestramiento para su equipo natural de personas que reportaban a él de manera directa. El entrenamiento salió muy bien.

❖ ❖ ❖

El tercer jueves del mes, David convocó su primera reunión de equipo.

—El día de hoy vamos a iniciar una nueva reunión mensual —comenzó diciendo—. Eso no significa que la manera en que hemos estado revisando antes nuestros resultados mensuales fuese errada. Ciertamente que no lo era. Nos ha llevado a estar donde estamos: una empresa muy exitosa. Pero si queremos alcanzar nuestra ambiciosa visión, vamos a necesitar gerentes de primera, no tan solo un par de ellos, sino cientos. La manera en que estábamos revisando los resultados mensualmente podría seguir dándonos resultados con un esfuerzo considerable por parte de un número relativamente pequeño de buenos gerentes. Sin embargo, no nos garantizaría el desarrollo de gerentes excelentes a todos los niveles en números suficientes para efectuar la diferencia que queremos lograr en la visión tan ambiciosa que tenemos para el Grupo XCorp. Con estas nuevas reuniones de equipo que empiezan aquí y se irán proyectando hacia otros niveles en forma de cascada, nuestro deseo es poder desarrollar excelentes gerentes a todos los niveles.

Jane y Paul lo escuchaban con gran atención.

David continuó diciendo:

—La principal diferencia entre lo que vamos a hacer hoy y lo que hemos hecho en el pasado radica en que esta reunión está enfocada hacia arriba. Eso significa que necesito la ayuda de ustedes para mejorar mi Informe de Enfoque. De modo que pueden estar tranquilos; hoy no vamos a examinar el desempeño de cada uno de ustedes. Eso tendrá lugar en un foro diferente.

David hizo una introducción de las reglas básicas para la consulta que ya habían sido definidas a nivel de todo el Grupo y que facilitarían el acuerdo de su equipo con todos los puntos. A continuación le pidió a Amy Jones, la nueva directora de Recursos Humanos, si podía actuar como monitora para facilitar la adhesión a las reglas básicas. También le preguntó a Jeff Méndez si podía registrar la sesión y operar el software TOPS (The One Page Software) durante el transcurso de la reunión.

David comenzó por ser el facilitador de la primera

de cuatro conversaciones de su reunión de grupo. Inició el tema de la cultura empresarial recordándoles los cinco valores fundamentales de la organización: confiabilidad, servicio, calidad, respeto y aprendizaje, los cuales habían sido definidos durante el retiro de trabajo con el Infoman a nivel de todo el Grupo. Su equipo seleccionó uno de los valores y luego intercambiaron ideas sobre cómo aplicarlo a las actividades de día a día de la empresa.

Cuando David pasó a hablar del asunto del desempeño, las personas que reportaban directamente a él a duras penas podían creer lo que estaban escuchando. Para su gran sorpresa les estaba pidiendo que le ayudaran a decidir lo que se debía hacer y luego a implementar algunas de esas tareas.

—¿Cómo podemos trabajar conjuntamente para mejorar mi cuadro de desempeño o scorecard? —dijo y enseguida lo repitió. Jeff Méndez exhibió en la pantalla el Informe de Enfoque de David. Uno de los factores que se encontraba en la zona roja, con un rendimiento inferior al mínimo, era "ventas totales". Para David este era un Factor Crítico de Gestión (FCG). Esto significaba que uno o más de los Factores Críticos de Éxito asignados a niveles inferiores de la organización estaban desempeñándose por debajo del estándar. David se dirigió a su equipo diciendo:

—En un foro diferente, seguramente me voy a mostrar ansioso por ver los planes de acción que desarrollan los individuos que son responsables por los FCE de ventas, y voy a esperar que esos planes de acción se basen en un análisis exhaustivo y que sean creativos. Pero en el día de hoy lo que estamos tratando de desarrollar es un plan de acción para mi FCG que se encuentra en la zona roja. El plan de acción de mi FCG debe enfocarse en mi influencia delta. Es decir, la influencia en ventas que yo poseo y ninguno de ustedes posee. De manera que nuestro primer paso es establecer cuál es ese delta. ¿Me pueden ayudar a hacerlo?

Mientras que sus colaboradores directos se esforzaban por encontrar una respuesta, David planteó la pregunta de otra manera:

—¿Qué puedo hacer desde mi posición para mejorar las ventas de las personas a cargo de FCE que ellos no puedan hacer por sí mismas?

De allí surgió una lista de ideas. Eran una reflexión de la influencia delta de David a raíz de los recursos y relaciones que tenía a su disposición y que no tenían los miembros del equipo, así como el poder de decisión más amplio que el de sus colaboradores. Entre las numerosas ideas fueron seleccionadas estas: David podía ayudar con una visita a los clientes principales, el 5% más alto, para comunicarles la dedicación de TechCorp a la calidad y al servicio. También podía autorizar un presupuesto enfocado en invertir en una de sus marcas populares. Estas ideas se convirtieron en un plan de acción con unos compromisos específicos que Jeff introdujo en TOPS.

Ya cubiertos los dos primeros temas de la reunión, David prosiguió hacia el tercero: desarrollo. Jeff les pasó a los participantes una hoja de evaluación para que la llenaran de manera anónima y se la devolvieran a él. Cada colaborador directo evaluó el equipo de David ciñéndose a dos criterios: cohesión y contribución. Una vez que terminaron, Jeff recogió las hojas, ingresó los resultados en una hoja de cálculo Excel y la proyectó para el grupo. El puntaje promedio que se calculó indicaba que el nivel de cohesión era mediano y el nivel de contribución era bajo. Después de una ronda de discusión acordaron que su nivel de desarrollo era N2. Pasar de este nivel a N4 era el desafío que explorarían en la siguiente reunión.

El último tema de la reunión era la sinergia. David pidió que cada persona compartiera novedades en su propia área que hubiesen sucedido durante el mes anterior y que fuese útil que los otros supieran. También recalcó que deberían pedir a sus colegas cualquier ayuda que necesitaran. Este era el foro indicado para ello. Varias personas compartieron noticias de sus respectivas áreas. Adam Rice, director de Sistemas de TechCorp, tenía noticias importantes.

—Quiero que sepan todos que el último módulo del principal sistema de software integrado que hemos estado instalando durante todo el año ha pasado todas las pruebas y ya está disponible. Esto va a tener impacto en todas las áreas y va a estar operativo el primer lunes del próximo mes. Les estaré enviando una invitación a una reunión mañana para que vean la capacidad de este módulo.

En ese punto se habían cubierto ya los cuatro temas y David concluyó la reunión con este mensaje:

—Esta ha sido nuestra primera reunión de equipo, que constituye el primer paso en el proceso de revisión en equipo. Como han podido ver, fue muy diferente de nuestras reuniones en meses pasados. Con la retroalimentación que espero recibir de Jane y Paul, va a ser cada vez mejor. Hemos desarrollado un plan de acción delta para mi FCG. Todos deberíamos dar cumplimiento a los compromisos acordados durante la sesión de hoy. Es mi expectativa que cuando ustedes conduzcan sus propias reuniones de equipo también desarrollen planes de acción para sus factores. Estoy ansioso por poder ver esos planes en TOPS. Tengo plena confianza en que redundarán en grandes resultados para TechCorp.

CAPÍTULO 13

Proceso de revisión vertical

Paul llegó al restaurante con un retraso de quince minutos. Detestaba llegar tarde. Aunque por lo general era una persona tolerante, últimamente se sentía frustrado con su secretaria.

¿Por qué será que ella siempre elige los restaurantes más concurridos y los que tienen el peor servicio de estacionamiento? —se preguntó.

Había tenido que estacionarse a dos calles de distancia, e incluso el lugar que encontró parecía arriesgado; esperaba no encontrar una multa al regresar. Sus ojos examinaron el atestado lugar. Ahí estaban ya sentadas las dos mujeres y, a juzgar por sus semblantes, las cosas no iban muy bien.

—¡Caray! —pensó Paul—, hubiera deseado llegar y contarle un par de cosas a Jane sobre Amy.

Se refería a Amy Jones, la nueva directora de Recursos Humanos de Tech Corp.

Jane echó un nuevo vistazo y se sintió aliviada al ver a Paul aproximándose. Sonrió y se hizo a un lado para hacerle espacio. Ella y Amy no parecían congeniar mucho. Jane sentía que Amy era obstinada y se aferraba a sus puntos de vista. "¿Por qué la gente le teme tanto al cambio?", se preguntaba.

—¡Me alegra verte, Paul! —dijo en voz alta.

Después de ordenar, Jane dijo:

—Amy, David nos pidió que nos reuniéramos contigo para discutir algunas de las iniciativas que estamos implementando en TechCorp. Él valora tu aporte, y nosotros también. En particular, queremos hablarte sobre un nuevo *proceso de revisión vertical.* Esperamos contar con tu colaboración y apoyo para comenzar con la capacitación tan pronto como sea posible.

Amy trató de sonreír, pero se sentía amenazada e insegura. No entendía las atenciones que su nuevo jefe le prodigaba a Jane Baker. Tampoco entendía realmente el nuevo proceso que estaban implementando y sentía que se estaban entrometiendo en su territorio y su área de experiencia. Como si no supiera cómo dirigir un departamento de Recursos Humanos. La principal razón por la que David la había contratado era su vasta experiencia en el campo.

—¿Qué es el *proceso de revisión vertical?*

—Excelente pregunta, Amy —Jane trataba por todos los medios de ser paciente con una persona a la que consideraba difícil—. Permítame darte un pequeño resumen del proceso de revisión vertical y ver lo que piensas. Paul, cuando quieras decir algo, adelante, ¿de acuerdo?

—Entendido —contestó Paul.

—Excelente. Cuando estábamos presentando el *proceso de revisión en equipo,* estoy segura de que se estaban preguntando dónde se llevaría a cabo la revisión del desempeño de los miembros individuales del equipo. Bueno, pues ahora tenemos la respuesta. Se realiza en los *procesos de revisión vertical.* Pero es un proceso que va más allá de simplemente revisar los resultados. Se centra en ayudar al individuo. En la mayoría de los entornos de trabajo, los individuos no obtienen la atención que necesitan de sus jefes. El jefe rara vez tiene tiempo de orientarlos y acompañarlos de manera adecuada, escuchar sus problemas, animarlos a aprender de sus éxitos o de sus errores, ayudarlos a identificar las aptitudes necesarias y guiarlos para mejorar esas aptitudes.

—Bueno, si estás hablando de resultados individuales, dondequiera que he trabajado, siempre hemos tenido revisiones de desempeño —dijo Amy en tono de broma.

—Sí, pero la revisión de desempeño tiene algunas deficiencias reales —dijo Paul—. Primero que nada, por lo general se realiza una o dos veces al año. A menudo es un evento estresante al que los empleados le tienen pavor. Además, como abarca un largo período, durante las revisiones la gente tiende a recordar el desempeño de semanas anteriores, pero olvida el de hace diez meses. ¿Cómo ayuda esto realmente a la persona a desarrollar sus aptitudes? ¿Cómo la motiva? ¿Cómo le permite solucionar los problemas cotidianos en el trabajo?.

—Bueno —respondió Amy—, no creo que fueran diseñadas para hacer todas esas cosas. Una revisión de desempeño se realiza solo para echarle un vistazo general al desempeño de una persona y para determinar si merece o no un aumento.

—Exacto —dijo Jane—. El *proceso de revisión vertical* es algo completamente distinto. Es un proceso que inicia con una reunión de coaching individualizada entre un jefe y su colaborador directo, a la que le siguen acciones en el terreno, y luego una reunión posterior de coaching que permita la reflexión y el aprendizaje. El objetivo del coaching es hacer que el colaborador directo tenga éxito en sus FCE y sus IPE y se imparte de una manera que capacite y empodere al colaborador.

—¡Supervisar el desarrollo de los individuos y su progreso es mi trabajo! —respondió tajante Amy—. ¿Por qué creen que tenemos un departamento de Recursos Humanos? ¿Cómo creen que los gerentes van a tener tiempo para dar este tipo de orientación? No solo es poco realista, sino que impone una carga adicional a personas que de por sí ya están bastante ocupadas. Estas ideas suenan muy bien pero me parece que están desencaminadas y... créanme, sé de lo que estoy hablando.

En ese momento sonó el teléfono de Amy, era David.

—Permítanme un momento. Tengo que tomar esta llamada de mi jefe.

—Hola, Amy, ¿cómo va tu almuerzo? —preguntó David.

—Bien.

—Solo quería recomendarte que aprendas lo más que puedas sobre el nuevo *proceso de revisión vertical* que vamos a implementar. Los *procesos de revisión en equipo* han generado un tremendo impacto en TechCorp, y considero que el proceso vertical puede hacer lo mismo. Quiero que sepas que tú vas a estar a cargo de implementar este proyecto. De hecho, el éxito de este proyecto va a ser tu FCE así que aprende todo lo que puedas hoy. Quiero avanzar con esto lo más rápido que se pueda. ¡Por favor, dales mis saludos a Paul y a Jane, y disfruten su almuerzo!

—Gracias, trataré de hacerlo —dijo ella sin mucho ánimo.

Jane y Paul no tenían idea de lo que le había dicho su jefe, pero notaron una marcada mejoría en la actitud de Amy después de la llamada telefónica.

La comida llegó y todos se relajaron y empezaron a comer. Después de la comida, Amy dijo:

—Bien, empecemos de nuevo. Quiero que me digan todo lo que puedan acerca de este proceso y yo voy a tomar notas.

—¡Excelente! —dijo Paul—. Comencemos desde el principio. Puedes interrumpirme en el momento que desees para hacerme cualquier pregunta.

—Como Jane te iba diciendo —continuó— el *proceso de revisión vertical* es una forma de coaching uno a uno que el colaborador recibe de su jefe. En cierta forma es la contraparte de los equipos enfocados hacia arriba, ya que está enfocada hacia abajo. Es un "apoyo descendente" que en cascada desciende por los niveles de la organización. Indudablemente, los jefes de todos modos hacen esfuerzos por darles atención a sus colaboradores directos. Pero este es un proceso sistemático con un plan y una metodología.

—¿Podrías describir la metodología? —pidió Amy.

—Claro —respondió Jane con entusiasmo.

—El proceso de revisión vertical comienza con una reunión con un colaborador directo y cubre cuatro áreas: *cultura, desempeño, desarrollo* y *otros temas importantes.*

—Muy bien, empecemos con la conversación sobre cultura empresarial. Está encaminada a eliminar comportamientos destructivos o propiciar comportamientos deseables en el colaborador. El jefe se vuelve agente del cambio cultural y ayuda a su colaborador directo a tomar la iniciativa para alinear sus comportamientos con los valores fundamentales de la empresa.

—Sí, pero hay gerentes que necesitan cambiar ellos mismos sus hábitos, entonces ¿cómo pueden desarrollar buenos hábitos en los demás? —comentó Amy.

—Buen punto, Amy, y es muy cierto —dijo Paul—. Como sabes, el cambio cultural requiere tanto la autotransformación como la transformación de los demás. Cuando los gerentes hacen sus revisiones verticales con sus colaboradores directos, no solo están desarrollando a los colaboradores directos, también se están desarrollando ellos mismos. Con respecto a tu observación, la efectividad del personal directivo para generar un cambio en el comportamiento de otros depende de la autotransformación y del aprendizaje que hayan logrado ellos mismos.

Amy asintió. Al reflexionar en lo que estaban diciendo se daba cuenta de que tenía mucho sentido. En ese momento llegó el mesero y tomó las órdenes para el postre.

—La segunda parte de la reunión vertical es el coaching en torno al desempeño —continuó Jane—. En esta etapa el jefe y su colaborador directo revisan detenidamente el Informe de Enfoque de este último. Juntos estudian el estado de los factores críticos de éxito y las iniciativas, luego revisan los planes de acción que el colaborador ya haya hecho para mejorar el estado de sus indicadores y los optimizan de ser necesario.

—A continuación, el jefe y el colaborador directo se enfocan en las habilidades fundamentales que requiere el colaborador para tener éxito. Evalúan los niveles de aptitud del colaborador directo para cada habilidad, discuten acerca de cómo pueden mejorar estas habilidades y formulan un plan de desarrollo para cada habilidad. El jefe proporciona el apoyo que el colaborador requiere para llevar las habilidades a los siguientes niveles de aptitud.

—¡Oigan! —exclamó Amy—. ¿No creen que esto queda fuera de la responsabilidad de los gerentes? El desarrollo de las habilidades, la capacitación, la educación, ¡todo esto es responsabilidad de Recursos Humanos!

—Comprendo por qué te sientes así —contestó Jane con calma—. Pero aunque el departamento de RH pueda apoyar la capacitación e incluso impartirla, lo que hace a este proceso tan único es que la responsabilidad del desarrollo recae sobre el colaborador y la responsabilidad del coaching para el desarrollo es otorgada a cada jefe. Ahí es donde creemos que debe recaer la responsabilidad, no en el departamento de Recursos Humanos.

Amy no respondió.

—La cuarta parte de la reunión vertical —continuó Paul— son los otros temas diversos importantes. Es una especie de categoría de "todo lo demás". Puede haber temas que sean considerados importantes o pertinentes por partes involucradas y que necesiten algún tiempo para revisarlos.

—¿Por qué no omitimos este? —preguntó Amy.

—Porque no se deben ignorar las necesidades de los dos individuos. Además, saber que se ha reservado tiempo para la "otra" categoría ayuda a que los dos individuos enfoquen su atención en los tres primeros temas.

—¿Estás sugiriendo que todos los gerentes deben realizar el *proceso de revisión vertical?* —preguntó Amy.

—Definitivamente —contestó Paul.

—Estoy de acuerdo con Paul —dijo Jane—. El proceso libera el potencial del individuo. Es la herramienta más importante para desarrollar excelentes gerentes de la organización. Como tú sabes, este es un asunto de prioridad para David.

La actitud de Amy se había suavizado, pero aún no estaba convencida.

—¿Realmente creen que los gerentes deberían sacar tiempo para estas conversaciones uno a uno cuando tienen tantos asuntos que reclaman su atención? —preguntó.

—Hay tiempo para la mayoría de las actividades importantes —respondió Jane—. La repercusión que este proceso de coaching tiene en el empoderamiento del siguiente nivel es tan dramática que eventualmente un gerente tendrá más tiempo que antes. Imagina el tiempo ahorrado en apagar fuegos, dando indicaciones constantemente e incluso diciéndole a la gente cómo se deben llevar a cabo esas indicaciones. Es una cuestión de costo-beneficio. El proceso de revisión vertical remplaza otras reuniones de gerentes con sus colaboradores directos y les dará un enorme retorno. ¿Qué manera mejor de invertir el tiempo que en la gente?

—Para ser honesta con ustedes —dijo Amy—, tengo mi propio plan para el empoderamiento de los gerentes y requiere de este tipo de ritual mensual. Es consistente con las prácticas de algunas de las mejores compañías, y no quisiera dejar a un lado este plan.

—Realmente aprecio tu honestidad, Amy —dijo Jane—. Pero ese tipo de prácticas no le llega a los tobillos a este proceso. Dime, ¿qué porcentaje de tus gerentes tienen la talla de David? Sé que me vas a decir que tenemos solo un director general por lo que el porcentaje sería bajo. Dejando a un lado esta posición, ¿qué porcentaje de tus gerentes en la empresa son gerentes de primer nivel que consiguen excelentes resultados a través del empoderamiento, el desarrollo y la motivación de sus colaboradores?

—El número seguiría siendo bajo —respondió Amy—. Por eso es que tengo un plan para aumentarlos.

—¿Y más o menos qué porcentaje según tus cálculos? —preguntó Jane.

—Tal vez del cinco al diez por ciento —admitió Amy.

—Como te puedes dar cuenta, muchos de los planes ya implementados en la empresa no nos han dado el número elevado que estamos buscando —comentó Paul—. Teniendo en cuenta la visión del Grupo XCorp que consiste en estar situada entre las diez primeras empresas de comunicación en el mundo, este porcentaje debe aumentar exponencialmente al cien por ciento. Necesitarías miles de gerentes que tuvieran estas aptitudes. Amy, no hay forma de que puedas llegar a alcanzar estas cifras con los procesos que actualmente se implementan o haciéndole ajustes al modelo antiguo. Por esta razón es que David quiere que apretemos el acelerador con este proceso.

—Me gustaría apoyar a David en las cosas que quiere lograr —dijo Amy—. ¿Qué les parece que debería hacer?

—¿Te acuerdas de un entrenamiento de dos días para ocho coaches de cultura interna empresarial que llevamos a cabo hace dos meses para aprender acerca del proceso de revisión? —preguntó Paul.

—Sí, me acuerdo.

—Tú estabas invitada para que hicieras parte de grupo de coaches, pero no pudiste venir —explicó Paul—. Nos urge que te pongas al día con ese tema para que puedas hacer parte de ese grupo de coaches. Y no solo eso. También queremos que seas la líder de ese grupo. De esta forma podrás marcar una diferencia real en cuanto al cambio de la cultura empresarial en el próximo año. Más aún, queremos que reúnas nuevamente a esos coaches para que durante tres días compartan sus experiencias de aprendizaje del *proceso de revisión en equipo*, para aprender acerca del *proceso de revisión vertical* y para que apoyes su puesta en marcha.

—¿Qué tan rápido podrías reunir ese grupo? —preguntó Jane.

—Me parece que lo puedo lograr en un par de semanas —contestó Amy con creciente entusiasmo. Ahora que podía apreciar con más claridad su papel en el proceso estaba menos a la defensiva. Y tenía muchos deseos de implementar lo que era de importancia para su nuevo jefe.

—Queremos que los coaches cuenten con las habilidades para acompañar a los gerentes de línea durante sus reuniones verticales de una manera significativa y positiva —dijo Paul.

—No hay problema, ¡yo me hago cargo! —dijo Amy alegremente.

—Muchas gracias por tu ayuda, Amy —dijo Jane—. Déjame que corrija lo que acabo de decir. No es para nosotros esta ayuda, sino para ti, puesto que el verdadero conductor de este proceso es el departamento de Recursos Humanos. Se va a avanzar mucho en los objetivos del departamento de RH. Por lo tanto quien de verdad tiene a su cargo la puesta en marcha y el nivel de calidad del *proceso de revisión vertical* eres tú. Nosotros, únicamente estamos aquí para ayudarte durante estas primeras etapas del proceso.

Amy estaba radiante al salir del restaurante.

❖❖❖

Andrew Carlson fue la primera persona en sostener una reunión vertical con su jefe, David. Él creía firmemente en el proceso y estaba entusiasmado por ser el primero en tener la experiencia. La reunión vertical comenzó un lunes a las

8 a.m. en la sala de conferencias de TechCorp. Jane y Amy eran ambas observadoras "invisibles", es decir, observarían en silencio, sin participar. David comenzó la conversación.

—Esta es mi primera reunión vertical y me alegra que sea contigo, Andrew. Sé que estás entusiasmado con este proceso y esto simplifica las cosas. Esta es una reunión importante puesto que sustituye a otras reuniones que teníamos antes para revisar resultados.

David repasó las reglas básicas para las consultas que había adoptado con su equipo y así comprobar si aplicaban para este encuentro de reunión vertical. Y aplicaban. David y Andrew apagaron sus teléfonos celulares y David llamó a su secretaria para pedirle el favor de que no lo interrumpiera a menos que se tratara de una emergencia. Luego David ingresó al software de TOPS con su contraseña y le entregó su computadora portátil a Andrew, diciendo:

—Quiero que seas la persona que registra esta sesión y que también seas quien vigile que se cumplan las reglas básicas. Tienes el poder de registrar todo y también tienes el poder de hacernos caer en cuenta si nos desviamos de las reglas básicas.

—La primera parte de esta conversación es acerca de la cultura empresarial —prosiguió David—. Esta se enfoca en ayudarnos a alinear nuestros comportamientos con nuestros valores fundamentales. No estoy diciendo que no se encuentren alineados pero todos debemos seguir mejorando. En mi reunión de revisión vertical con Brian estaremos discutiendo sobre los comportamientos que debo cambiar.

Andrew percibió la incomodidad de David para hablar de este tema.

—No te preocupes —dijo—. Estoy de acuerdo con aquello de alinear los comportamientos con los valores. Creo que cada persona debe trabajar expresamente y de forma activa para cambiar los malos hábitos. Cuando asistí a la sesión con el Infoman, al principio estaba escéptico, pero esa experiencia me cambió. Por años había tenido hábitos destructivos de los cuales me tenía que deshacer. ¿Conoces a Shirin Sandra?

—Por supuesto —dijo David.

—Shirin y yo trabajamos juntos con el fin de hacer algunos cambios en comportamientos específicos que cada uno había identificado, y en un lapso de tres meses, habíamos logrado enormes progresos. Por lo tanto, estoy abierto a trabajar en nuevos cambios.

David se sintió más cómodo tras el comentario de Andrew.

—Estaba pensando en algún comportamiento específico sobre el cual pudiera animarte a trabajar —dijo—, y para ser honesto, no se me ocurrió ninguno, lo cual habla muy bien de ti.

—No te preocupes —respondió Andrew—. Yo mismo he hecho una larga lista y te prometo que voy a seguir trabajando en el asunto. En concreto, ahora mismo estoy trabajando en "entregar a tiempo aquello a lo que me he comprometido", de un 95% pasar a un 100%.

—¡Maravilloso! —respondió David.

A continuación, David llamó la atención de Andrew acerca del tema del desempeño y le pidió que le mostrara su Informe de Enfoque en TOPS. El informe de Andrew mostraba un factor en la zona verde y dos factores en la zona roja, uno de los cuales tenía buena tendencia.

—Al examinar tu factor índice de retención de cliente, el cual aparece con buena tendencia a pesar de encontrarse en la zona roja, quisiera que me contaras qué has hecho para que la tendencia haya llegado a convertirse en buena —comentó David.

—¿Recuerdas la guerra de precios que tuvimos y la estrategia que implementamos de acercarnos a nuestros clientes?

—Sí, lo recuerdo —dijo David—. Lo que hiciste permitió cambiar la tendencia. ¿Crees que la tendencia positiva será suficiente para alcanzar la zona verde o tienes un plan para alcanzarla?

—No tengo un plan de acción, únicamente tengo un par de ideas.

—Necesitas un plan —continuó David—. Por favor convierte tus ideas en un plan de acción y súbelo a TOPS. Trata de desarrollar el plan de acción en tu reunión de equipo y con la participación de tus colaboradores. Esto le añadirá creatividad al plan.

Andrew abrió la ventana de compromisos de resultados verticales en TOPS e ingresó *Desarrollar un plan de acción para el índice de retención de clientes,* dándole un plazo de dos semanas.

—Hoy recién comenzamos este proceso —dijo David—. Naturalmente aún existen muchas cosas que no están en su lugar, pero en la próxima reunión vertical espero poder repasar todos los planes de acción que has desarrollado para todos los indicadores en tu Informe de Enfoque, especialmente aquellos que están en la zona roja. Si se trata de factores FCG, por supuesto que espero ver planes de acción *delta.*

Después de haber terminado la conversación sobre el tema del desempeño, David le dio a Andrew una hoja de papel en la que había identificado cinco habilidades críticas que sentía que Andrew necesitaba en su trabajo. Estas eran: negociación, gestión de ventas, comunicación, articular la comprensión del valor de la oferta y la aplicación de modelos cuantitativos para la predicción del crecimiento. David le preguntó a Andrew si estaba de acuerdo con estas habilidades y si había otras que quisiera añadir. Andrew se sentía a gusto con esa lista y prefería trabajar en esos rubros antes de añadir más. Acordaron evaluar de forma independiente estas habilidades a través de los criterios de *grado de esfuerzo* y *grado de supervisión.* Discutirían tanto su evaluación como los planes de desarrollo de aptitudes en la próxima reunión vertical.

El cuarto tema fue la categoría de otros asuntos importantes. Andrew sintió que ahora podía ser el momento indicado para abordar un tema muy personal. Le había pedido a Shirin que se casara con él y estaba encantado de que ella hubiera aceptado. Quería hablar con David de cuándo podría tomarse unas vacaciones. Al principio David se sorprendió pero a medida que pensaba en ello se dio cuenta de que harían una gran pareja. Aunque eran diferentes en muchos aspectos, parecía que se complementaban entre sí.

—Permíteme ser el primero en felicitarte, Andrew —dijo David al tiempo que extendía su mano.

—Gracias, estoy muy entusiasmado con la idea de compartir mi vida con ella. Tenemos tantas cosas en común —respondió alegremente Andrew.

CAPÍTULO 14

Compensación

Ted Finley había sido director financiero del Grupo XCorp desde que este se había formado, tres años atrás. Tenía una buena, si no es que demasiado estrecha, relación de trabajo con Brian.

Ted era director financiero cuando se aprobó la ley Sarbanes-Oxley y había sobrevivido al éxodo de varios directores financieros. Su actitud fue "amarra tu camello". En otras palabras, estudia las regularizaciones y acátalas. El hecho de no hacerlo podía dar como resultado estados financieros inexactos, lo que a su vez se traduciría en problemas serios para XCorp y para él mismo. Por ello, era conservador y muy cuidadoso. Se estaba asegurando de no ser uno de esos directores financieros que aparecían esposados en las noticias de la noche.

Algo le estaba molestando a Ted, y esa era la razón por la que había pedido ver a Brian ese día. Sentía que había una tremenda falta de consistencia en la compensación de los gerentes en todo el grupo de empresas. Aparte del hecho de que a la mayoría de los altos ejecutivos de Estados Unidos se les pagaba más de lo que merecían (todos sabían eso), parecía no haber una estructura definida respecto a quién se le pagaba cuánto en el grupo. Uno de sus amigos había bromeado acerca de la desigualdad de salarios:

—No obtienes lo que vales, sino lo que eres capaz de negociar.

Cada vez que se adquiría una nueva empresa, había una desigualdad aún mayor entre los gerentes de varios niveles de las distintas empresas.

Brian saludó a Ted con una sonrisa.

—¿Cómo va ese juego de golf, Ted? Tengo entendido que juegas como un profesional.

—¿Yo?, ¡debes estar bromeando! —Ted se sintió halagado al darse cuenta de que Brian sabía de su capacidad para el golf.

—Bien, ¿qué tienes en mente, Ted? Por teléfono mencionaste algo acerca de los temas de compensación. No vas a pedir un aumento, ¿o sí?

—No, no te preocupes, creo que gano lo suficiente, al menos por ahora. He estado examinando nuestras compensaciones. En particular desde la adquisición de TechCorp, nuestras compensaciones no son consistentes. No están relacionadas con el desempeño, eso es seguro porque los gerentes de algunas de las unidades de negocios con peor desempeño están ganando más que otros. No tengo la respuesta, pero quería proponerte que revisemos las compensaciones e implementemos un plan que sea congruente con ellas.

—Eso suena bien. ¿Tienes algo en mente?

—En realidad no. Pero tal vez en Recursos Humanos tengan algo.

—Te diré qué haremos. Llamemos por teléfono a Gail y veamos qué piensa ella. Quizá podamos acordar una fecha para reunirnos. Espera un minuto.

Entonces marcó la extensión de Gail.

—¿Gail?, soy Brian.

—¡Hola! ¿Cómo estás, Brian? Justamente estábamos hablando de ti —contestó Gail.

—¿Quiénes? —preguntó Brian.

—Amy, de TechCorp, y yo. Estábamos hablando sobre los jefes y sus estilos de liderazgo y entonces surgió tu nombre.

—Ponla en el altavoz, por favor —pidió Brian.

—Hola, Amy. Espero que mi comparación con David haya sido favorable.

—Hola, señor Scott. Por supuesto que lo fue.

Amy aún se sentía cohibida ante Brian.

—Bien, Amy y Gail, está conmigo Ted —dijo Brian y ambas lo saludaron.

—Ted está un poco preocupado por nuestro sistema de compensaciones, o por la falta de él. Dado que esta es tu área, pensé que podrías tener algunas ideas al respecto.

—De hecho, esta mañana estaba hablando con Jane acerca del sistema de alineación total —dijo Gail—. Me decía que no podemos tener una organización alineada si no tenemos una compensación alineada. Justamente le estaba contando a Amy sobre esa conversación cuando llamaste.

—Excelente, hay buena sincronización —respondió Brian—. Tenemos que reunirnos e invitar a Jane para saber su opinión. ¿Qué tal el próximo lunes al mediodía? ¿Está bien para todos?

Todos vieron sus agendas y anotaron la reunión. Después Brian colgó.

—Ted, aprecio que me hayas dicho esto. Como sabes, estamos tratando de alinear todo con la visión y la estrategia globales de la empresa y, desde luego, las compensaciones forman parte importante en este asunto.

—Eso es parte de mi trabajo, Brian.

Ted se levantó para marcharse con una sonrisa.

—Que tengas un buen día y nos vemos el lunes.

❖❖❖

—Ese es un buen punto, Brian —dijo Jane durante la reunión del lunes, en respuesta a una de sus inquietudes sobre un esquema de compensaciones congruente—. Entiendo tu punto de vista sobre la equidad. Pero no te recomendaría un cambio drástico de la noche a la mañana, porque sus salarios ya están negociados y muchos están basados en otros factores determinantes, como estándares de la industria, trayectoria, etc., y su sistema se ha desarrollado a lo largo de los años.

—Lo que recomendamos es alinear el bono de cada individuo con su contribución a la organización —abundó Jane.

—¿Cómo harían eso? —preguntó Gail.

—Mediante el uso de estos criterios: resultados, cultura y aptitudes —respondió Jane.

—¿A qué te refieres exactamente con resultados? —preguntó Ted.

—Me refiero al desempeño de la persona en sus factores críticos de éxito o iniciativas estratégicas durante un período determinado. Puesto que los factores ya están alineados con la visión y la estrategia global de la empresa, el desempeño en sus factores refleja la contribución del individuo a la visión y la estrategia de la empresa. El software TOPS registrará estos datos por ustedes y determinará una calificación para la contribución. A eso es a lo que me refiero como resultados.

—La contribución subjetiva también queda registrada en este software, pero se determina mediante un cuestionario que responde el jefe del colaborador.

—¿Qué cubre el cuestionario? —preguntó Amy.

—Cubre la congruencia con la cultura y el avance en desarrollar aptitudes —respondió Jane—. Por ejemplo, un comportamiento preciso particularmente importante para la cultura empresarial podría ser puntualidad, o lograr finalizar los proyectos. Podría haber una pregunta sobre esto en el cuestionario. Si estuvieran juzgando la aptitud, preguntarían qué tanto ha avanzado el individuo en los niveles de sus principales habilidades. El jefe revisaría el porcentaje de habilidades críticas de un colaborador directo con nivel N4 y, con base en ese porcentaje, asignaría una calificación para la aptitud.

—El software combina las calificaciones, subjetiva y objetiva, y de acuerdo con un porcentaje ponderado, produce una sola calificación para la contribución. Esto se llama *índice de contribución.*

Paul abundó:

—El software incluye una opción en la que el individuo puede hacer clic y ver cuál es su índice de contribución en cualquier punto del tiempo. ¡Es genial!

—No les voy a desglosar toda la fórmula en este momento —continuó Jane— pero basta decir que a fin de cuentas, el bono de la persona se determina por su índice de contribución final. De ahí se saca un porcentaje, y ese porcentaje se aplica a su potencial trozo del pastel.

—Esto es increíble —comentó Ted. Todos guardaron silencio durante unos minutos.

—Ya tenemos el software en la mayoría de las empresas y la visión y la estrategia definidas para todas las unidades de negocios —remarcó Brian—. Comencemos el plan de compensación en XCorp US, después en TechCorp y sigamos en las demás empresas conforme se alineen.

Todos se levantaron para marcharse.

—Estamos en eso —dijeron Paul y Jane al unísono.

—Bien, Ted —dijo Brian cuando se fueron los demás—. ¿Qué piensas? ¿Estás satisfecho?

—Esto es más de lo que hubiera imaginado —dijo Ted con una amplia sonrisa—. Tendremos un sistema de compensaciones que no solo premiará el buen desempeño, sino que estará alineado con nuestra visión y estrategia. También promoverá el fortalecimiento de las aptitudes necesarias para nuestro futuro. No podría sentirme más contento.

Con esas palabras se despidió de Brian y se marchó a su juego vespertino de golf.

Parte III
MÁS ALLÁ DE LA ALINEACIÓN

CAPÍTULO 15

Reflexión

Brian estaba en la cima del éxito. Su empresa estaba prospe-
rando. Se había ganado el respeto de la comunidad empresarial y se había vuelto una figura nacional. Su familia estaba
orgullosa de él. Tenía muchos amigos. Todo iba muy bien.

Entonces surgió otra crisis. El más ferviente partidario
de Brian en la junta directiva de XCorp, Ken Patterson, un
hombre de 65 años de una gran integridad, murió repentinamente de un infarto en su casa. Ken había sido un em-
prendedor que había generado abundante riqueza, tocado
la vida de cientos de personas y hecho contribuciones importantes a obras de beneficencia. Ese hombre había sido el
orgullo de su generación, pero ahora estaba muerto.

La muerte de Ken impactó profundamente a Brian. Lo
hizo tomar conciencia de su propia mortalidad y revalorar
su propia vida.

—¿Cuál es mi propósito en esta vida? —pensaba mientras conducía hacia el funeral de Ken—. ¿Estoy haciendo lo
correcto con ella?

El funeral fue un impresionante tributo a un gran
hombre. Asistieron cientos de personas. La procesión hacia el sepulcro alcanzaba casi el kilómetro de largo. Nadie
había ido por compromiso. Estaban ahí porque Ken había

tocado su vida. Brian saludó a la familia de Ken, incluyendo a su única hija, Susan, y les dio sus condolencias.

Peter Bergman vio la muerte de Ken como una oportunidad para realizar su sueño de tomar el control de XCorp. Él sabía que Ken Patterson poseía un importante porcentaje de las acciones del grupo.

Algunas semanas después, Peter se comunicó con Susan y concertó una cita con ella en la mansión de la familia. Le ofreció comprarle las acciones de XCorp que acababa de heredar a un precio ligeramente mayor a su valor de mercado actual. La oferta era difícil de rechazar. Aunque estaba interesada, Susan tenía sus reservas. Sabía lo que XCorp había representado para su padre y no deseaba liquidar sus activos tan rápido. Le dijo a Peter que lo iba a pensar. Para facilitar las cosas, Peter le dio la opción de rescindir el contrato en un plazo de treinta días si se arrepentía. Estaba seguro que las acciones de XCorp se devaluarían temporalmente cuando él las adquiriera y que por tanto Susan no iba a cambiar de opinión.

La propuesta de Peter convenció a Susan. Sus abogados redactaron los documentos necesarios para la transferencia de acciones, incluyendo la opción de rescisión. Los abogados de Peter arreglaron todo para la transacción. Peter pagó una parte de las acciones en efectivo y la otra parte mediante pagarés con réditos. Tres días después, un lunes por la mañana, Peter y Susan firmaron los documentos de la transferencia de acciones.

Peter estaba eufórico. Aunque la transferencia real iba a llevar tiempo y se requerirían ciertas autorizaciones, ahora era el mayor accionista del Grupo XCorp y tenía suficiente control de la junta directiva para hacer lo que quisiera. Le pidió a su conductor que lo llevara hasta el edificio del Grupo XCorp. Disfrutaba el hecho de ser ahora conducido por un chofer en su Mercedes nuevo. Mientras viajaban por las calles de Nueva York se asomó con orgullo a la ventana del auto. Instantes después se acercaban al impresionante edificio de XCorp.

—He logrado una hazaña casi imposible —pensó para sus adentros. Le pidió al conductor que estacionara el auto en el área de estacionamiento de los ejecutivos, cerca del lugar reservado para el auto de Brian y aguardara a que él regresara. Luego tomó el elevador hasta el último piso y se dirigió directamente a la oficina de Brian donde fue recibido por Joanne Evans.

—¿En qué puedo servirle, señor Bergman? —le preguntó Joanne.

—Quisiera ver a Brian. ¿Está en su oficina?

—Está en una reunión. ¿Tiene cita con él?

—No la necesito —respondió mientras caminaba hacia la puerta de Brian.

—¡Por favor, espere a que le avise al señor Scott que está aquí!

Peter la ignoró y abrió la puerta de la oficina de Brian. Este se encontraba sentado en un sofá de su área de conferencias, en una reunión con varios banqueros. Se quedó atónito al ver a Peter irrumpir de esa manera en su oficina. Antes de que pudiera articular una palabra, Peter caminó hacia el escritorio, tomó el teléfono y le pidió a Joanne que llamara a Gail, la vicepresidenta de Recursos Humanos.

—Señor Scott —dijo Peter—: está despedido. Tome sus pertenencias y salga de aquí. Gail Locke le dará su finiquito.

Brian estaba estupefacto.

—¿Quién eres tú para despedirme? —le preguntó.

—Ahora soy el mayor accionista del grupo y tengo el control de la junta directiva. Poseo todas las acciones de Ken Patterson —dijo Peter mientras agitaba frente a la cara de Brian el contrato que había firmado con Susan Patterson.

—No podrás obtener el voto de la junta directiva —respondió Brian.

—Lo tendré, no te preocupes.

Brian no sabía cómo manejar la situación. Decidió irse en lugar de tener una confrontación. No podía creer lo que había sucedido. Se culpó a sí mismo por no haber previsto las acciones de Peter. Guardó su portátil y salió de la oficina diciendo:

—Tendrás noticias de mis abogados.

Bajó en el elevador hasta el estacionamiento y se dirigió a su auto. No pudo dejar de notar un flamante y nuevo Mercedes estacionado junto a su auto con un conductor sentado en su interior. De repente se giró y le dio otro vistazo al conductor. Le resultaba familiar. Se acercó y dio una buena mirada al hombre y confirmó sus sospechas. Sí, este era el mismo tipo que había conducido la limusina cuando fue raptado. Brian se montó en su auto y partió. De regreso a casa, pensó en las posibles formas de contraatacar, pero llegó a la conclusión de que no tenía los suficientes votos de la junta directiva para impedir la adquisición. Simplemente era cuestión de porcentajes y de control, y ahora Peter tenía el control.

Brian llegó a casa a media mañana y la encontró vacía. Sus hijos estaban en el colegio y su esposa estaba trabajando. Su *golden retriever* ladraba en el traspatio. Brian entró a su casa y fue directamente hacia su estudio. Se puso a revisar todas las tarjetas de presentación que tenía en su escritorio y logró encontrar la tarjeta del detective que estaba a cargo de la investigación de su rapto. Marcó el número que estaba en la tarjeta y le dijo al detective Cummings que uno de los raptores era ahora el conductor de Peter Bergman. Estaba seguro de que él estaba relacionado con el rapto. El detective le aseguró que investigaría el asunto.

Luego Brian se puso ropa informal, se sirvió una bebida y salió al jardín donde estaba la piscina. Se tendió en la hamaca e intentó relajarse, al tiempo que se mecía suavemente y miraba al cielo.

Comenzaron a pasar por su mente los eventos más importantes de su vida. Se había graduado con altos honores en una de las mejores universidades, trabajó en prestigiosas empresas de la lista Fortune 100 durante sus primeros diez años de carrera y durante los siguientes diez años fue director general de tres compañías con serios problemas. Desarrolló una excelente trayectoria como un director que sabía darles el vuelco a empresas en dificultades. Después había aceptado trabajar en XCorp, dándole un giro a la compañía y ayudándola a crecer hasta convertirse en una de las compañías más sólidas. Después adquirió TechCorp y la fusionó con la familia XCorp. Ahora, todo eso había terminado. Estaba seguro de que con Peter como director general, el Grupo XCorp iba a retroceder.

Se preguntaba: "Si XCorp fracasa, ¿de qué habrá servido toda la energía que puse en ella durante estos cuatro años? ¿Y qué hay de todas esas noches y fines de semana que pasé trabajando, cuando bien pude pasar ese tiempo con mi esposa y mis hijos?".

Brian estaba inmerso en sus pensamientos tratando de entender lo que había sucedido ese día.

Jennifer llegó a casa bien entrada la tarde y estacionó su auto junto al de él. Le sorprendió ver que su esposo estaba en casa tan temprano. Entró por la cochera y miró por la ventana de la cocina hacia el jardín. Ahí estaba él con la hija de ambos, nadando en la piscina. Entonces salió a su encuentro.

—¿Qué estás haciendo aquí? —le preguntó a su relajado y aparentemente alegre esposo.

—Me despidieron —gritó Brian mientras nadaba hacia la escalera.

—Pues no luce como una persona a la que han despedido —pensó Jennifer.

—Estás bromeando, ¿verdad? —dijo—. No pueden despedirte, ¡tú eres el jefe!

Brian se apoyó en el pasamanos de la escalera y se impulsó para salir de la piscina. Caminó hacia Jennifer y le dio un beso.

—No estoy bromeando —dijo—. Soy libre como un ave; no tengo ninguna responsabilidad.

—Pareces muy feliz, cariño —dijo ella—. ¿Qué fue lo que pasó?

Brian le contó lo que había sucedido. Ya le parecía algo absurdo y muy lejano.

—¿Y qué vas a hacer? —le preguntó Jennifer.

—Me voy a tomar mi tiempo para decidir qué hacer con el resto de mi vida.

Mientras Jennifer pensaba en ello, Brian sugirió:

—¿Por qué no tomamos unas vacaciones? La próxima semana, por ejemplo, cuando termine el período escolar. Vamos a una playa, tan lejos de aquí como sea posible.

—Suena bien, pero necesito ver si puedo tomarme unos días —dijo Jennifer.

Brian llamó a su agente de viajes y le dio una descripción del tipo de lugar que quería para vacacionar. Marbella, España, fue la respuesta. Marbella, un hermoso centro vacacional en la costa sur de España, cerca de África del Norte, lejos, muy lejos de allí.

A la mañana siguiente la noticia de su salida de XCorp ya se había difundido y su breve descanso había terminado. Recibió una llamada tras otra, algunas de amigos que habían oído la historia, y otras de individuos de empresas importantes que lo invitaban a reunirse con ellos para tratar posibles ofertas de trabajo. Las llamadas aumentaron hasta el punto que Brian dejó de contestarlas. Apagó su celular.

Al final de la tarde Jennifer le dijo a Brian que sí podía ausentarse unos días de su trabajo. Poco después, la familia Scott partía a sus vacaciones de dos semanas hacia España.

❖ ❖ ❖

Peter Bergman, nuevo director general de XCorp, sabía que la partida de Brian tendría un impacto negativo inicial en el precio de las acciones de XCorp. También sabía que los analistas del mercado estaban vigilándolo para ver cuál sería su siguiente paso. Estaba plenamente consciente de que no debía destruir la confianza de los accionistas. Llamó a George Drake, socio administrativo de Prime Consulting Company, en busca de ayuda. Le pidió a George que se tomara una semana para evaluar la situación de XCorp, y que después recomendara acciones a corto plazo para fortalecer su imagen en Wall Street –aunque esas acciones incluyeran el despido de numerosos empleados o cambios en los ejecutivos claves.

George pasó una semana escrutando la información financiera de XCorp, entrevistando a los altos cargos de la empresa y compilando una serie de recomendaciones. Peter quería hacer cambios drásticos; de otra manera, todos lo percibirían como una persona que había cometido la imbecilidad de despedir a un director general competente. Necesitaba encontrar algo de lo cual culpar a Brian Scott.

Dos semanas después de que Brian hubiese sido despedido, Peter estaba reunido con George en su oficina. Examinaban el informe de George, tratando de encontrar el mejor curso de acción. Peter se había sentido defraudado al escuchar que el consejo de George era el de no efectuar ningún cambio drástico. La empresa contaba con una buena organización y era un líder mundial de eficacia operativa en lo que se refería a muchos de sus productos y servicios. De hecho, su visión y estrategia eran admirables.

—Pero yo quiero hacer cambios —dijo Peter—. No me sería posible trabajar con el equipo actual. El primer cambio que me gustaría hacer es que desaparezca hasta la última traza del Infoman.

—Nadie con ese nombre trabaja en la empresa —respondió George.

—Bueno, pero podemos deshacernos del sistema que introdujo en la empresa.

—Es un sistema excelente —dijo George, quien había recibido un detallado informe de Paul Harris.

—Igualmente tengo que despedir a todos los altos cargos y traer de afuera talento nuevo. Estoy pensando en la firma de cazatalentos con la que trabajaba cuando estaba en TechCorp.

George no parecía nada convencido.

De repente se abrió la puerta y entraron dos hombres de aspecto serio vestidos con trajes de color gris. Los hombres habían llegado al área de Joanne y le habían dicho que querían ver a Peter Bergman. Joanne les informó que su jefe estaba en una reunión. Uno de los hombres sacó una billetera de su bolsillo, la abrió, le mostró su identificación a Joanne y le dijo enérgicamente:

—Somos del FBI y queremos ver al señor Bergman ahora.

Desconcertada de que se estuviera presentando otro incidente tan extraño en las oficinas corporativas, Joanne había hecho un esfuerzo para pedirles que esperaran un poco de manera que pudiese alertar a Peter. Pero ellos habían ignorado por completo sus palabras, aproximándose a la oficina de su nuevo jefe.

Uno de los hombres se encaminó hacia Peter y le enseñó su placa.

—Somos del FBI. Está usted bajo arresto, señor Bergman bajo los cargos de abuso de información privilegiada y evasión fiscal. También está acusado de planear el rapto de Brian Scott. Tenemos una orden de aprehensión.

Desde su renuncia en XCorp, Peter había estado comprando y vendiendo acciones aprovechando información privilegiada de la empresa de su suegro. Había usado varias empresas fantasmas para ocultar las ganancias y había amasado enormes sumas de dinero. Fue así como había maquinado la manera de quedarse con la mayoría de las acciones de XCorp. Pero el FBI había rastreado el flujo de fondos.

—Tiene derecho a permanecer callado. Todo lo que diga puede ser y será usado en su contra en la Corte.

Lo esposaron y lo escoltaron fuera de las oficinas corporativas. George estaba atónito. Poco después, abandonó silenciosamente las instalaciones de XCorp.

La noticia del arresto de Peter se difundió velozmente. Estaba en las primeras planas de los periódicos a la mañana siguiente:

"Arrestan al nuevo director general de XCorp."

Charles Bates, uno de los principales accionistas de XCorp, sentía un gran aprecio por Brian y se encontraba muy enfadado con su despido. Pero le enfadaba aún más ver aquellas noticias en el periódico. Para tener una mayor claridad sobre lo que había ocurrido, llamó a Susan Patterson.

Susan también había leído los titulares en los periódicos. Estaba preocupada por el estado legal del dinero que Peter le había pagado. Le dijo a Charles que tenía derecho de rescindir el contrato en un plazo de treinta días. Por fortuna, ese plazo aún no vencía. Decidieron que lo mejor para todos era que ella reclamara sus acciones.

Susan y Charles hablaron sobre la posibilidad de recontratar a Brian. Convocaron a una reunión urgente de la junta directiva. El voto fue unánime para invitar a Brian a que regresara a hacerse cargo. Cuando Charles llamó a Brian a su casa, el contestador automático estaba activado. A pesar de que dejó un par de mensajes no tuvo noticias de él. Tampoco logró contactarlo cuando lo llamó a su celular. En vista de la situación, Charles le envió un correo electrónico invitándolo a que regresara a XCorp.

Brian regresó de sus vacaciones descansado y lleno de energía. Durante todo el viaje no había consultado los mensajes en su teléfono celular ni sus *emails*. Había dedicado bastante tiempo a reflexionar sobre su vida y había llegado a ciertas decisiones. A partir de entonces llevaría una vida más balanceada, lo que incluía dedicarles mucho más tiempo a su familia y a su propia salud física y espiritual. A través de los años había ahorrado e invertido suficiente dinero como para ser económicamente independiente. Así que podía darse el lujo de buscar la forma que más le acomodara de invertir su tiempo y energía.

Brian empezó a revisar sus correos electrónicos. Fue entonces cuando se enteró de lo que había sucedido en XCorp. Siguió leyendo y al final abrió el *email* con la invitación de que regresara a su antiguo cargo.

—Ni hablar —se dijo en voz alta—. No vuelvo. Punto.

Respondió de inmediato:

"Le agradezco a la junta directiva por esta oferta, pero no la voy a aceptar."

Cuando Charles recibió ese mensaje no lo podía creer. Convocó a una reunión urgente de la junta directiva y los convenció de hacerle un excepcional ofrecimiento a Brian que incluía suficientes acciones para garantizarles a él y a su equipo administrativo una presencia muy fuerte en la junta directiva. Charles le envió el nuevo ofrecimiento a Brian.

Brian se sintió halagado de recibir una oferta por encima de cualquier cifra que habría podido soñar. Era demostración patente de la confianza que depositaba en él la junta directiva. Compartió el mensaje con Jennifer, quien lo animó a que aceptara la nueva oferta.

Brian regresó a su computadora y le envió un mensaje a Charles.

"Gracias por esta oferta tan generosa. Es difícil rechazarla, pero mis planes son diferentes."

Brian puso el mensaje en cola de espera para su envío y pasó a leer un mensaje de un amigo. Después pensó en hacer un poco más cordial su mensaje para la junta directiva. Trató de sacarlo de la cola de espera para editarlo, pero el mensaje ya no estaba. Revisó la lista de mensajes enviados. Tampoco estaba allí.

"¿Qué sucedió?, se preguntó. Tal vez hice clic en el botón equivocado y lo borré."

Brian empezaba a escribirle un nuevo mensaje a Charles cuando escuchó el sonido que indicaba que acababa de llegar un nuevo correo.

Brian abrió el mensaje. Era del Infoman y decía: "Brian, tu trabajo en el Grupo XCorp no ha terminado."

Brian se alegró de tener noticias del Infoman.

"Sabe muy bien por lo que estoy pasando", pensó.

Llegaron otros *emails*. Brian decidió esperar y reflexionar sobre la mejor manera de rechazar la oferta.

"Tal vez debería tomar un par de días para pensar en lo que debo hacer", se dijo.

Leyó nuevamente el mensaje del Infoman y preguntó: "¿A qué te refieres con aquello de que mi trabajo no ha terminado?"

"Reunámonos para hablar", fue la respuesta del Infoman.

"Eso sería estupendo" escribió Brian. "¿Por qué no vienes a mi casa? Me encantaría presentarte a mi familia."

CAPÍTULO 16

Alineación total

Una semana después el Infoman conducía su automóvil alquilado rumbo a casa de Brian. Al llegar, este le dio la bienvenida y le presentó a su esposa Jennifer y a sus hijos, Greg, Tania y Phil. La familia tenía enorme curiosidad por conocer al misterioso personaje del cual había oído hablar tanto durante años.

En la cena, el Infoman se mostró relajado y charló con todos los miembros de la familia. Él y Jennifer hablaron sobre el viaje a España y ella le contó sus impresiones sobre esa cultura. El Infoman se sorprendió particularmente con Tania, la hija de ocho años, cuando ella le habló de sus planes para estudiar zoología.

Muy rara vez había conocido a alguien de su edad con tal gusto por la vida y tal pasión por marcar una diferencia. Se dio cuenta de que el segundo hijo de Brian, Phil, era un chico serio con un gran amor por los libros y la música. De inmediato se entendió muy bien con Greg, de 16 años, el hijo mayor y el "cerebro tecnológico" de la familia.

Después de la cena, Brian y el Infoman se dirigieron al estudio para conversar. Se sentaron en cómodas sillas cerca de la chimenea y Brian le contó lo que le había sucedido en el último mes.

Le contó también lo que había pensado en España acerca de hacer algo realmente importante en el mundo y pasar más tiempo de calidad con sus hijos. El Infoman lo escuchó con interés y después le preguntó:

—¿Qué vas a hacer ahora?

—No voy a regresar a XCorp —contestó Brian—. Lo que estoy buscando es un cambio en mi estilo de vida.

—Me parece muy loable tu decisión de darle un nuevo rumbo a tu vida —dijo el Infoman—, pero ¿realmente terminaste tu trabajo en el Grupo XCorp?

—Yo creo que sí. ¿Tú no?

—Has logrado muchísimo pero todavía no has alcanzado la alineación total.

—¿Qué quieres decir con esto? —preguntó Brian.

—Yo sé que quieres dejar una marca significativa —continuó diciendo el Infoman—. Muchos ejecutivos exitosos quieren retribuir algo a la sociedad. Dan parte de su fortuna a causas que merecen su apoyo mientras mantienen el control de algunas de sus empresas rentables. Hacer donaciones a causas nobles es un propósito encomiable, pero yo te estoy hablando de algo más.

—Te escucho —dijo Brian.

—La alineación total implica una coherencia más cercana con los valores. Implica hacer una contribución positiva a la comunidad local, nacional y mundial. A lo largo de la historia han existido líderes que han alineado sus organizaciones para alcanzar sus respectivas visiones, pero sus contribuciones a la prosperidad humana han sido negativas. Muchos líderes empresariales, incluso en nuestro propio país, han amasado enormes fortunas pero nada le han agregado a la prosperidad humana. Por supuesto que no estoy diciendo que el Grupo XCorp no está haciendo contribuciones positivas a la sociedad. Tu grupo empresarial está mejorando la calidad de vida para millones de personas. Muchos de los productos que ofreces satisfacen las necesidades básicas de muchas personas en muchos sitios. Algunos también contribuyen a un mayor avance de la ciencia. Sin embargo en el Grupo XCorp no se ha hecho un esfuerzo consciente para asegurar que la propia empresa esté seriamente consciente de sus valores.

—¿Qué quieres decir? —preguntó Brian.

—Podrías comenzar por hacerte preguntas como las siguientes: "¿El Grupo XCorp está elaborando productos que si bien son rentables pueden ser perjudiciales para la salud o para el medio ambiente? ¿Las empresas que componen el Grupo están eliminando todos los desperdicios peligrosos que contaminan el ambiente o que alteran nuestro hábitat natural? ¿Están empleando métodos de publicidad que dan una falsa imagen de sus productos, que engañan a sus clientes o que degradan a sus competidores? ¿Tienen políticas en materia de empleo que pueden causar penurias o dificultades para las familias? ¿Tienen plantas de producción en otros países que se aprovechan del hecho de que la gente está desesperada y dispuesta a trabajar por cualquier salario?". Estas son algunas de las preguntas que deberían ser respondidas y algunas de las cuestiones que deben ser resueltas para alcanzar una alineación total.

A Brian le impactaron esas preguntas profundamente. Complementaban a muchas otras que se había hecho en España mientras descansaba y reflexionaba. No tenía todas las respuestas, pero sabía que en muchos casos las respuestas no eran positivas.

—Tu reto podría ser lograr la alineación total al mismo tiempo que mantienes la ventaja financiera y operativa de XCorp. Es una tarea difícil y requiere una reorientación y un nuevo enfoque. También podría implicar la eliminación paulatina de algunos productos, políticas o procedimientos que son perjudiciales. Podría entrañar el rediseño de procesos y políticas empresariales. Pero es una meta que se puede alcanzar a largo plazo.

—Así que, Brian —concluyó el Infoman— tu trabajo aún no está terminado.

Brian se quedó un momento en silencio mientras absorbía las palabras del Infoman. Estaba encontrando una nueva misión en la vida: una que no solo significaba un reto sino que también valía la pena esforzarse por ella.

El Infoman abrió su maletín y sacó un documento titulado *La riqueza de la humanidad.* Se lo dio a Brian y le dijo:

—Esto puede darte algunas ideas.

Brian tomó el documento, lo hojeó rápidamente y vio que contenía una serie de principios que confirmaban los puntos de vista del Infoman. Le dio las gracias y lo guardó para leerlo detenidamente.

El Infoman había logrado su propósito. Le había dejado a Brian suficientes ideas para reflexionar y lo había instado a aceptar la oferta de la junta directiva de XCorp. Consultó su reloj e hizo señas de que era hora de irse. Se despidió de Brian y de su familia y se marchó de la residencia de los Scott.

Brian pensó en el reto que le había propuesto asumir el Infoman y cómo este podría forjar su futuro. Pensó en los sacrificios que tendría que hacer si continuaba trabajando en XCorp. Durante buena parte de la noche no consiguió conciliar el sueño, luchando con pensamientos contradictorios. A la mañana siguiente, muy temprano, se sentó frente a su computadora y escribió:

—Me complace mucho aceptar el ofrecimiento de la junta directiva. Pero tengo una condición. La junta debe aceptar algunas posibles pérdidas económicas a corto plazo debido a algunos cambios que planeo hacer.

Una vez enviado el mensaje, Brian regresó a la cama y se quedó dormido. Cuando despertó, a media mañana, llamó a Jennifer a su trabajo.

—Jen, he decidido regresar a mi trabajo en el Grupo XCorp, con una condición que te contaré más tarde. Estoy esperando la respuesta de la junta directiva.

A Jennifer le alegró mucho la noticia. Ella también sentía que Brian aún tenía mucho que ofrecer al mundo corporativo, y estaba agradecida por la influencia que había tenido el Infoman.

Al final de la tarde, Brian recibió la contestación de Charles en la que le confirmaba que la junta directiva había aceptado su condición. Brian se sintió dichoso y compartió la buena noticia con su familia.

En la mañana del lunes siguiente, Brian les prodigó a sus hijos muchas atenciones durante el desayuno. Le pidió a su esposa que lo llevara al trabajo ya que su oficina no estaba lejos del edificio de XCorp. Durante el trayecto, le iba diciendo lo que haría en su primer día de regreso en XCorp. También hablaron sobre el día de ella, y Brian se dio cuenta de que en el pasado muchas veces no le había prestado suficiente atención a la carrera de Jennifer. Ella era gerente de marketing en una empresa de diseño de ropa, y estaba a punto de ser ascendida.

Jennifer se sintió conmovida por los esfuerzos de Brian por reconocer el duro trabajo que ella realizaba, por lo que sonrió mientras pensaba: "El despido fue lo mejor que le pudo haber pasado a Brian y a nuestra familia".

Brian le pidió a Jennifer que lo dejara en la esquina, a una cuadra de distancia de la enorme puerta principal de XCorp. Quería disfrutar una corta caminata por la calle que conducía a las instalaciones de la empresa. Conforme se acercaba al edificio, vio a un gran número de empleados de XCorp esperando para saludarlo y una pancarta colgada sobre la puerta principal que decía: "¡BIENVENIDO SEÑOR BRIAN SCOTT!". Brian saludó a la multitud y se acercó al edificio con un sentimiento de gozo. Estaba encantado, consciente de que le esperaba una nueva misión. Franqueó la puerta, dando así comienzo a un nuevo capítulo en su vida y en el futuro del Grupo XCorp.

Comentarios a *Alineación Total*

"Riaz Khadem lo ha logrado de nuevo. En su nuevo libro, *Alineación Total*, lleva a un nivel superior su maravillosa técnica de *Administración en una página*. Es un modelo a seguir para cualquier equipo organizacional que pretenda evolucionar en procurar el bienestar general".

Ken Blanchard, coautor de *Empresario en un minuto*
y *El ejecutivo al minuto*

"*Alineación Total* se convierte en una extraordinaria herramienta que nos conduce a niveles superiores de eficacia en varios órdenes de magnitud. Su iniciativa única de centrarse en las personas y sus comportamientos aumenta la capacidad de gestión y liderazgo en todos los niveles de nuestra organización. Gracias a *Alineación Total* podemos obtener resultados a corto plazo sin sacrificar los de largo plazo".

Mário Antonio Porto Fonsec
CEO Soluções Usiminas, Brasil

"Por primera vez un solo libro lo reúne todo. Los procesos de gestión que siempre han estado separados. Ahora están alineados e integrados".

Héctor Rangel
Presidente de la Junta del Grupo Financiero BBVA-Bancomer, México

"*Alineación Total* pone al día muchas ideas y conceptos. Muestra cómo la administración exitosa puede ser más efectiva y más sencilla a la vez, elementos muy importantes en nuestro entorno actual".

José Antonio Fernández
CEO Grupo FEMSA, México

"Disfruté mucho leer este libro, especialmente el segmento que habla de la alineación de competencias con la responsabilidad y los comportamientos con normas éticas. Y quedé más sorprendido con el concepto aún más profundo de alineación del que se habla en el último capítulo".

Eugenio Clariond
CEO Grupo IMSA, México

"Si los conceptos de *Alineación Total* son implementados consistentemente, sería difícil no ser una empresa exitosa".

Benigno López
CEO Softtek, Estados Unidos

"Un magnífico método que paso a paso nos permitió extender nuestro modelo de negocios".

Daniel Servitje
CEO Grupo Bimbo, México

"Los conceptos de este libro le ayudarán a unificar su organización entera hacia la misma meta, y van a asegurar su éxito".

Rodrigo Córdoba
CEO Carvajal, México

"*Alineación Total* es una perspectiva innovadora para traducir su visión y estrategia en realidad. Implementar los conceptos de este libro marcará la diferencia entre crecer de fortaleza a fortaleza a simplemente ser otra empresa más buscando mantenerse a flote".

Jorge Ballesteros Zavala. CEO Grupo Mexicano
de Desarrollo, México

"Lectura obligada para los ejecutivos y los profesionales en la administración del cambio, *Alineación Total* es para empresas que luchan por llegar a ser de clase mundial. Ofrece pasos perspicaces y prácticos para volver su visión una realidad".

Randa A. Wilbur
Vicepresidenta de Desarrollo y Capacitación
de la organización global AC Nielsen, Estados Unidos

"Considero que las ideas presentadas en *Alineación Total* son frescas y sin embargo con una sabiduría que no expira. El libro es ágil y cubre todo, desde la estrategia para la administración del desempeño hasta la compensación y retribución".

Dave Falk. Director de operaciones Avery Dennison Corporation
Specialty Tape Division, Estados Unidos

"¡Superoportuno! *Alineación Total* muestra cómo unificar y alinear los procesos gerenciales y le ayudará al lector a construir una organización que pueda tener éxito aún en los momentos difíciles".

Paul Otradevec
Gerente de área BellSouth Corporation, Estados Unidos

"Disfruté leyendo este libro, y estaba particularmente impresionada con los conceptos de alinear las aptitudes y los comportamientos, y alinear el coaching. ¡Qué excelente forma tanto de dar y recibir el sostenido estímulo y apoyo que son necesarios para que cada persona sea exitosa!".

Elizabeth Tabor
Socia Ejecutiva, Atlanta Office
Cherry, Bekaert & Holland, Estados Unidos

"¡Una gran contribución! *Alineación Total* es un trabajo excepcional y divertido de leer. Es una herramienta poderosa y al mismo tiempo amigable para comprometer a su equipo a hacer de la visión una realidad".

Eduardo Saiz
Miembro de la Junta Directiva de MABE, México

"De entre cientos de libros sobre cómo mejorar el desempeño, este es una gema. ¡Le da a los gerentes herramientas prácticas y una nueva mentalidad para mejorar hoy mismo su organización!".

Julián Serrano
Vicepresidente de Operaciones
Cervecería Cuauhtémoc Moctezuma, México

"Este libro cuestiona, con argumentos convincentes, muchas prácticas de gestión de la administración. Debería ser de lectura obligatoria para todos los directivos".

Javier Fernández
Miembro de la Junta de Directores de Cintra, México

"Gracias a la metodología de *Alineación Total* y a TOPS hemos logrado alcanzar uno de nuestros más anhelados objetivos: ganar el Premio Nacional. Felicitaciones por este libro".

Alejandro Acosta
CEO Comnet, México